河北省哲学社会科学基金项目，名称：乡村振兴战略下河北省乡村公共体育服务发展的创新路径研究，批准号：HB20TY015。

基于乡村振兴战略的河北省农村公共体育服务提升研究

受中秋 李 想 石 岱 ◎著

吉林大学出版社
·长春·

图书在版编目（CIP）数据

基于乡村振兴战略的河北省农村公共体育服务提升研究 / 受中秋, 李想, 石岱著. -- 长春：吉林大学出版社, 2022.3

ISBN 978-7-5768-0561-1

Ⅰ.①基… Ⅱ.①受… ②李… ③石… Ⅲ.①农村—群众体育—公共服务—研究—中国 Ⅳ.① G812.42

中国版本图书馆 CIP 数据核字 (2022) 第 174575 号

书　　名	基于乡村振兴战略的河北省农村公共体育服务提升研究
	JIYU XIANGCUN ZHENXING ZHANLÜE DE HEBEI SHENG NONGCUN GONGGONG TIYU FUWU TISHENG YANJIU
作　　者	受中秋　李　想　石　岱　著
策划编辑	殷丽爽
责任编辑	殷丽爽
责任校对	矫　正
装帧设计	李文文
出版发行	吉林大学出版社
社　　址	长春市人民大街 4059 号
邮政编码	130021
发行电话	0431-89580028/29/21
网　　址	http://www.jlup.com.cn
电子邮箱	jldxcbs@sina.com
印　　刷	天津和萱印刷有限公司
开　　本	787mm×1092mm　1/16
印　　张	11.5
字　　数	200 千字
版　　次	2023 年 1 月　第 1 版
印　　次	2023 年 1 月　第 1 次
书　　号	ISBN 978-7-5768-0561-1
定　　价	72.00 元

版权所有　翻印必究

前 言

实施乡村振兴战略是党的十九大为解决关系国计民生的"三农"问题所提出的重大战略部署，是改善农村生活环境、提高农村居民生活质量以及推动农村经济和社会发展的重要抓手。全民健身作为满足人民美好生活需要的一项公共服务在上升为国家战略和体育强国建设进程不断加快的背景下更需要被延伸至农村基层。但从实践来看，农村公共体育服务发展受地域、经济、社会发展水平影响严重，尽管河北省县域经济、社会、文化发展迅速，但是农村公共体育服务发展也在不同地区间、城乡之间以及不同人群之间表现出强烈的差异性。因此，研究河北省农村公共体育服务对乡村振兴战略的实施具有重大意义。

本书第一章内容为河北省农村公共体育服务，主要从两方面进行了介绍，分别为公共体育服务概述、河北省农村公共体育服务概述；第二章内容为乡村振兴战略下河北省农村公共体育服务体系构建，主要从六个方面进行了介绍，分别为河北省农村公共体育服务体系构建基础、设施体系构建、组织体系构建、运行体系构建、保障体系构建、监管与评价体系构建；第三章内容为乡村振兴战略下河北省农村公共体育服务供给机制，主要从两个方面进行了介绍，分别为公共体育服务供给机制概述、乡村振兴战略下河北省农村公共体育服务供给机制；第四章内容为乡村振兴战略下河北省农村公共体育服务市场化机制，主要从两个方面进行了介绍，分别为公共体育服务市场化机制概述、乡村振兴战略下河北省农村公共体育服务市场化机制；第五章内容为乡村振兴战略下河北省农村公共体育服务均等化机制，主要从两个方面进行了介绍，分别为公共体育服务均等化机制概述、乡村振兴战略下河北省农村公共体育服务均等化机制；第六章内容为乡村振兴战略下河北省农村公共体育服务发展现状与提升策略，主要从三个方面进行了介绍，分别为河北省农村公共体育服务的发展现状、河北省农村公共体育服务的提升策略、河北省农村公共体育服务的未来发展。

在撰写本书的过程中，笔者得到了许多专家学者的帮助和指导，参考了大量的学术文献,在此表示真诚的感谢。本书内容系统全面,论述条理清晰、深入浅出,但由于笔者水平有限,书中难免会有疏漏之处,希望广大同行及时指正。

作者

2021 年 10 月

目 录

第一章　河北省农村公共体育服务 ………………………………………………… 1
　　第一节　公共体育服务概述 ……………………………………………………… 1
　　第二节　河北省农村公共体育服务概述 ………………………………………… 12

第二章　乡村振兴战略下河北省农村公共体育服务体系构建 …………………… 20
　　第一节　河北省农村公共体育服务体系构建基础 ……………………………… 20
　　第二节　河北省农村公共体育服务设施体系构建 ……………………………… 38
　　第三节　河北省农村公共体育服务组织体系构建 ……………………………… 48
　　第四节　河北省农村公共体育服务运行体系构建 ……………………………… 64
　　第五节　河北省农村公共体育服务保障体系构建 ……………………………… 67
　　第六节　河北省农村公共体育服务监管与评价体系构建 ……………………… 76

第三章　乡村振兴战略下河北省农村公共体育服务供给机制 …………………… 88
　　第一节　公共体育服务供给机制概述 …………………………………………… 88
　　第二节　乡村振兴战略下河北省农村公共体育服务供给机制 ………………… 94

第四章　乡村振兴战略下河北省农村公共体育服务市场化机制 ………………… 104
　　第一节　公共体育服务市场化机制概述 ………………………………………… 104
　　第二节　乡村振兴战略下河北省农村公共体育服务市场化机制 ……………… 116

第五章　乡村振兴战略下河北省农村公共体育服务均等化机制……133
第一节　公共体育服务均等化机制概述……133
第二节　乡村振兴战略下河北省农村公共体育服务均等化机制……147

第六章　乡村振兴战略下河北省农村公共体育服务发展现状与提升策略……152
第一节　河北省农村公共体育服务的发展现状……152
第二节　河北省农村公共体育服务的提升策略……159
第三节　河北省农村公共体育服务的未来发展……167

参考文献……171

第一章　河北省农村公共体育服务

河北省农村公共体育服务是河北省公共服务建设中的重要一环。本章内容为河北省农村公共体育服务，主要从两个方面进行了介绍，分别为公共体育服务概述、河北省农村公共体育服务概述。

第一节　公共体育服务概述

一、公共服务

（一）公共服务的概念

在《中国百科大辞典》中，"公共服务"的基本定义主要是指由当地地方政府出资兴办的公共服务事业以及直接或间接地为社会团体成员的社会利益服务的工作。

目前，对于"公共服务"的理解有以下共识：公共服务隶属于政府履行国家公共管理职责的范围，主要由各级政府公共服务机关管理生产，接受服务供给的对象则是全体社会公民，其公共服务管理方主要包含各级政府、非政府及营利性的第三方公共组织，一般情况下，是以满足全体社会公共需求，平等地供应社会产品为主要前提进行的公共的服务和社会产品供给。

（二）公共服务的兴起

历史上公共服务最开始是在欧洲特殊的历史环境下由民间社团和宗教组织自发进行的，而后经过历史的发展，由政府为主的公共服务组织系统逐渐完善。公共服务在世界范围内一直被看成是政府发挥职能的核心问题。

（三）公共服务的相关研究

"公共服务"在我国产生和兴起的时间较国外略晚。2003年中共十六届三中全会首次明确提出将"公共服务"作为政府的职能，国内研究者开始逐渐地对"公共服务"的重要性展开了研究。2004年，在温家宝的一番讲话中对全面履行政府职能的重要性做出了明确的要求——既要注重加强和改进对经济的有效调节和对市场的有力监管，更要注重对当今社会的管理和对公共服务职能的充分发挥。

严明明针对公共服务供给模式的选择进行了研究，其认为公共服务供给效果的关键问题之一，即是否将公平与效率之间的关系处理妥当。通过探索公共服务的供给过程中公平与效率之间的关系，我们应实行以政府在供给过程中发挥主导作用，多方社会力量相互配合、共同生产的公共服务供给模式。

张娟娟等人发现，城乡之间对基本公共服务的供给依然存在着明显的差异性和差距性。而且提出了针对性的建议——从完善供给体制和机制、增加服务供给的保障、创新服务供给的方式、突出重点等方面制定相应的政策和支持措施。

肖育才等学者对理论与社会实践进行综合分析后发现，不同的基本公共服务对城乡不同收入来源产生不同程度的影响，并且存在区域差异性，针对以上问题，缩小城乡收入差距的关键应该是从管理体制变革和服务供给制度的结构性创新入手，促使地方政府在城乡之间的财政分配比例趋向于合理。

（四）公共服务的发展

1. 从公共行政发展为公共管理

传统公共行政的含义来源于威尔逊的政治—行政二分法，以政府效率为焦点的价值取向孕育了最初的管理主义思想。韦伯的官僚制和泰罗的科学管理理论促使以规则为基础的非人格化制度代替了人格化的行政管理制度。然而，以美国行政学家沃尔多和弗里德里克森为代表的新公共行政学派认为，行政学不能排除规范性价值，过于追求非人格化压制了公职人员的创新精神，降低了组织效率。当人们发现政府规模的扩大和角色膨胀造成财政成本居高不下，政府部门无法满足民众的服务需求时，借鉴私营部门管理方法进行公共事务管理就成为对传统公共行政模式的挑战。

学术界对于公共行政和公共管理的关系的争论不断，但从历史发展的角度来看，公共行政和公共管理可以被纳入同一公共部门管理框架进行分析。政府作为公共权力的执行者，在民众与社会组织之间承担着双重委托代理人的角色，保持公权行使的合法性与公众利益的最大化是公共行政的核心问题。公共管理从强调满足民众的利益需求、服务民众的角度突出其管理内涵的社会性。因此，公共性和社会性构成两者共同的目标，公平、正义和社会伦理道德是共同的价值范畴。

从组织的职能来看，公共行政和公共管理代表了两种不同的组织形式选择。按照泰罗的科学管理理论，组织成员需要严格执行上级指令，依靠设立严密的程序和监督控制手段以保障工作任务的完成。这种管理模式下，为了有效发挥组织成员的积极性和创造性，需要适度分权并以市场化手段作为补充来实现激励和协调。适度分权表示等级组织从强制性合作转向个体主动性负责；市场化通过主体间利益关系交换达到资源流动和重新配置。

可见，公共管理模式中的分权和绩效评估改变了原本官僚等级制的低效组织体系；市场化手段为公共产品对民众的满足程度以及政府产出效果提供了评价依据；灵活的雇佣机制打破了终身制的身份壁垒，缩减了公共部门的规模，缓解了财政压力。公共管理模式摒弃了公共行政模式的诸多弊端，现代管理理论的应用也为公共管理注入了新的活力，然而，公共管理模式至今依然没能形成清晰的理论框架，在公共资源配置和公共事务管理方面还存在诸多问题和争议。

作为一种新型社会治理模式，服务型政府一词中的"服务"，不仅是对公共产品服务、政策服务、制度供给服务、社会保障服务等政府职能和行为的事实层面的描述，还代表了在政府治理体系中核心价值的确立及其实现要求。理念层面的服务贯穿政府体系从构成到运行的全过程是政府的最高行为准则和价值归属。服务型政府理念的先进性还表现在以公共利益为基本出发点进一步强化了政府行政"自我纠正、自我发展"的行为路径，并发展出为民众服务的行动自觉和公共服务精神。

2. 世界各国公共服务的发展

世界各国对公共服务的内涵及范围界定并不一致，因此各国公共服务体系建设根据本国国情和经济社会发展不同阶段的特点，侧重点也有所不同，主要涉及基础教育、医疗卫生、社会保障、基础设施、环境保护、公共安全等领域。

19世纪中期以前，资本主义世界普遍崇尚亚当·斯密的古典自由主义经济理论，市场这只"看不见的手"在社会经济活动中发挥着主导作用，政府职能在于维护国家安全，基本不提供现代意义的公共服务，政府只是充当"守夜人"。这一时期政府承担的公共事务管理范围非常有限，典型的如1834年英国颁布的《新济贫法》，认为政府有实施救济、保障公民生存的责任。这一法案也被视为现代社会保障制度的前身。19世纪中期以后，资本主义国家内部社会矛盾加剧，工人运动频繁出现，一些西方国家开始建立劳动保险法和社会救济制度，兴办部分公共福利事业，以缓和劳资关系。

1929年，大规模经济危机爆发，市场自由主义的神话被打破，各国对公共服务的迫切需求突显。凯恩斯主义经济理论开始占上风，强调国家干预的重要性。特别是"二战"后，西方国家在经济恢复和发展的基础上，推动公共服务体系建设，政府公共服务职能被进一步强化。公共服务的覆盖范围向全体社会成员扩展，由此诞生了一些"从摇篮到坟墓"的福利国家。到 20 世纪 60 年代，西方国家基本建立起了较为健全的公共服务体系。

20 世纪 70 年代，受石油危机的影响，西方国家陷入严重的经济"滞胀"，通货膨胀率和失业率居高不下，民众对于公共服务的需求大幅增加。福利国家的社会保障全方位覆盖使政府公共财政赤字不断恶化，社会问题日益严峻，西方国家纷纷启动改革，推进公共服务的市场化和社会化，重新调整政府公共服务职能，即"新公共管理"运动。然而，好景不长，过度的市场化和社会化带来了新的问题。过分重视市场手段和追求效率而忽视公民权利、人文精神和民主价值，新公共管理下的政府职能受到人们的质疑和抨击。组织人本主义和公民社会理论的出现，推动了公共服务的价值重构，强调公民参与的服务理念、公平公正的行为准则、平等共享的利益取向是西方国家新公共服务模式的主要特征。

二、公共体育服务

（一）公共体育服务的概念

当前仍然有许多研究者对"公共体育服务"和"体育公共服务"这两个体育相关名词的含义和概念存在界定不清，以至于在同一文章中同时出现两个名词，较为混乱。

刘艳丽和苗大培等人认为，"公共体育服务"主要是指国家为满足公众对公共体育服务的需求而提供的一种非竞争性、非排他性的产品和服务。也有专家表示，公共体育服务是公共体育相关从业人员为公众提供的体育活动的公共物品和服务。

肖林鹏等人在讨论我国公共体育服务供给的基本问题时指出，有关部门和组织提供的公共体育产品或其他混合产品就是公共体育服务。白永慧和樊炳有等人认为对国家相关部门所提供的体育相关的物品和行为的整合就是公共体育服务。王景波指出，从本质上说，公共体育服务是满足体育需求的行为，通过这种行为提供的服务具有基本性和广泛性。

王家宏从公共服务的角度出发，认为公共体育服务的概念来源于公共服务的概念，即公共服务概念在体育领域内的适用。郁昌店与樊炳有对公共体育服务概念的把握基本一致，并且认为公共体育服务不仅要为群众提供公共体育产品，还应提供群众相应的服务和体育行为。

从以上一系列的相关研究中可以看出，学界对这个名词概念的界定至今依然存在分歧。2011年发布的《体育事业发展"十一五"规划》中，"公共体育服务"这个名词在文中出现的频率竟然高达16次。另外，前国家体育总局局长刘鹏在2011年全国人民体育局长会议上的重要讲话中，也明确使用的是"公共体育服务"这个名词，据此可知，在我国公共服务领域的官方已对其公共体育服务概念的正确界定达成了共识。公共体育产品和服务的概念包含在公共服务的基本知识体系之内，根据公共服务的基本概念，我们可以顺理成章地推演出公共体育服务的基本概念，即建立在一定社会公众普遍需求的基础上，由政府主导因地制宜、因人制宜提供的，旨在有效保障和满足全体社会公民的体育运动需求的公共体育服务与产品。

（二）我国公共体育服务的发展历程

了解公共体育服务的发展，应将其放在一个更大更广阔的历史结构中进行分析，而不是局限于它本身。因此有必要对公共体育服务发展的历史沿革进行梳理，这也有助于更加清楚地认识政府监管是如何发生转变的。从新中国成立以来的实践经历来看，公共体育服务的发展可分成三个时期：

新中国成立至改革开放前公共体育服务基本经历了一个由无到有的发展阶段。在高度集中的经济体制下，为实现"体育为人民服务"的根本宗旨，政府主要采取大包大揽、福利分配等方式提供体育服务。其中政府基本上垄断了包括决策、执行、监督等在内的一切职能。供给主体上以政府垄断为主，供给内容集中在开展体育活动和建设体育场地上。然而限于当时的经济发展水平，再加上政府行政性资源配置效率低下、缺乏内在激励机制，公共体育服务供给总量严重不足，发展十分缓慢。

改革开放至21世纪初的发展时期。随着国家层面经济的迅猛发展，政府逐渐增加对公共体育事业的资金投入，公共体育服务因此加速发展。在此背景下公共体育设施、场地等取得了显著性增长，但是在以竞技体育为主、群众体育和学校体育为辅的战略方针下，政府基本沿袭过去行政的习惯，以行政命令的方式对体育资源的分配。而至党的十四大确立了社会主义市场经济体制后，以行政控制供给的局面被打破，政府开始积极探索公共体育服务供给的新模式。如1994年在足球领域进行职业化改革，尝试探索"政府+市场"的发展道路。在此期间，政府鼓励社会、企业兴办体育，提供各种优惠政策，进一步扩大公共体育服务市场化的领域，例如培育社会体育指导员、开展国民体质监测等。虽然从整体看，社会力量办体育存在相对分散、发展有限等问题，公共体育服务供给主体仍以政府为主，但是已经开始逐渐转向政府、社会二元供给主体。因而政府逐渐由"划桨者"向"掌舵者"进行转变，将更多的精力逐步放在间接调控、制定政策上，而把体育服务生产性职能转移给市场主体。

21世纪初至今迎来了公共体育服务发展的起飞时期。自党的十六届三中全会提出要逐步建立基本公共服务体系，强化政府公共服务职能以来，政府与市场相结合的公共体育服务供给模式得到进一步发展。随着市场经济进一步地发展壮大，更是直接规定基本公共服务适合于市场化方式提供的，原则上应采取市场化方式。相较于前一时期，公共体育服务无论是在质还是在量上都取得重大突破。在这一新时期，政府作为直接供给主体的作用持续弱化，并从生产、提供职能中脱离出来，逐渐形成了以市场主导的多元主体供给模式。

从公共体育服务的历史发展来看，政府逐渐从公共体育服务的生产领域退出、市场主导服务供给已然成为今后发展的主流。在这一变革的过程中，政府监管责任也悄然发生了变化。在计划经济时代，政府处在全能者的角色定位中，并没有区分监管责任，而是对体育服务进行全权管理和控制。而后在市场化改革探索发展时期政府开始从全能型转向有限型，在这一阶段政府监管责任得到明确。但受制于过去政府的强势主导地位，这一时期仍然将政府监管责任作为维护市场秩序的第一位责任，并没有充分发挥市场主体的作用。这主要体现在政府对市场主体过度监管，对市场主体供给体育服务进行直接干预。但随着市场化改革的进一步深入，政府进一步重视市场主体在维护市场秩序方面的作用，从而使政府监管责任进一步得以明确，将政府在公共体育服务市场化改革中的监管责任定性为第二位责任，即政府只是市场秩序的监督者、规则制定者，不能代替市场主体维护市场秩序的责任。

（三）国外关于公共体育服务的研究

公共体育服务逐渐引起社会公众关注，是由西方国家建设服务型政府引起的。以英美为代表的西方国家为实现由供给主体单一向供给主体多元化转变，结合各自的国情、文化和制度，采取了符合实际的公共体育服务供给方式。

20世纪90年代以来，美国采用的主要是以自由市场为主导的公共体育产品和服务的供给管理模式，在公共体育服务的生产、提供和监管中，政府非但没有占据主导地位，甚至处于宏观辅助的位置，而市场却居于强势的主导地位。这种供给模式对市场和社会组织的活力具有在一定程度上的激活作用，但是也容易长期受到政府资金的限制和影响，从而导致供给总量欠缺和低质量供给等问题出现。目前，德国在公共体育产品和服务供给领域广泛地采用了租赁、BOT、特许经营等PPP运作的模式，并且其经验较足，也说明德国存在着强有力的政府和社会公益组织，例如体育运动俱乐部和橄榄球联盟等大型社会组织。因此，德国政府主要通过政策和制度的引导，联合各种社会组织和个体来共同参与和投入公共体育产品和服务的供给中。

在20世纪90年代的美国，其大部分民用体育场地的主要基础配套设施包括修建和建设资金来源于美国联邦特区政府的公共财政。而加拿大于1996—1997年将高达91.42亿美元的财政资金列入了其休闲娱乐及传统文化的财政预算中。很显然，国外的政府对大众体育的发展极为重视，在公共体育服务的资金保障方面投入比例巨大。此外，还有一些学者通过对慈善活动进行调查研究，结果表明，部分政府和民间的体育慈善机构已经可以通过慈善活动为社区的居民捐赠各种体育器材、体育用品消费券和现金等。这种方式在现代社会较为普遍，但是由于其中的自愿机制约束力相对较弱，不过可以作为一种空白地带的补充方式。在国外关于农村公共的体育服务的专门讨论和研究还相对较为少见，这主要与国外公共体育工业化和城市化水平相对较高，城乡的差距较国内城市要小，在供给体制和决策机制上农村和城市几乎无二样有关。"Local public goods demands and effects"的论文作者沃辛顿（M.K.Worthington）在论文中提出，政府的主要公共管理职能之一就是监督治理农村的公共事务。

综上来看，国外对于大众健身的关注度还是比较高的，在资金投入方面毫不吝啬，坚持人本主义。一系列可以在国外广泛运用的供给方式为我国的公共体育服务提供了参考，但是针对我国的国情，依然要酌情且结合实际的引用，尤其是在经济发展水平较为落后的地区，更是要谨慎采纳。总体来说，国外关于农村地区公共体育服务的研究实证性的研究较少，对服务供给效率和融资驱动方式的体制问题研究相对较多，因此，在农村公共体育服务供给领域我们可以直接借鉴的成果相对较少。

三、公共体育服务的理论基础

（一）新公共管理理论

20世纪70年代末以来，西方资本主义发达国家政府不断进行改革，对当时社会产生重要影响，人们普遍认为新的公共管理模式正在孕育出现。实际上，新公共管理理论在西方的出现并不是偶然的，当时西方资本主义国家不断出现石油危机、政府高额的财政赤字、社会福利支出不堪重负等一系列的政治和经济问题，迫使西方政府不得不进行变革。自"二战"以后，西方政府职能的不断扩张、机构臃肿、相关政府部门效率低下，另外，由于经济全球化和新技术革命等诸多因素，推动西方国家进行公共管理的改革大潮，西方国家进入新公共管理时代。

在公共行政中，新公共管理主张政府只负责政策的制定而不负责政策的执行，将行政事务的管理和具体执行分开，由不同部门承担这份工作，政府职能也由"划桨"转为"掌舵"。同时，新公共管理提倡把市场竞争机制引入政府管理之中，改变之前政府垄断的局面，吸引私营部门加入其中，使其在提供公共服务过程中发挥重要作用，使得各个私营组织之间可以相互竞争，在竞争中相互比较，提高服务供给的质量和效率。另外，新公共管理理论重视效率追求强调绩效目标的重要性，从组织到个人都确定严格的绩效目标，关注公共部门提供服务的效率和质量，强调降低成本，提高效率。

新公共管理理论为公共体育服务效率的研究奠定了理论基础。公共体育服务的供给不应单一地由政府提供，应让更多部门参与其中，包括政府及体育组织、非营利性体育组织、营利性体育组织等。重视公共体育服务的效率，在成本最小化的前提下，保证收益的最大化，为公民提供更高效、更优质的公共体育服务。

（二）新公共服务理论

新公共服务理论是由美国学者登哈特夫妇等人摒弃以往公共管理中过于强调政府管理职能，忽略了人对于公平愿望的要求理念的基础上提出来的以"公民"为中心的公共服务理论。新公共服务理论提出，政府不能将权力集中于自身，应让人民群众拥有自主权，构建完善的明显有整合力和回应力的职能机构。同时强调以人为本，以为公民提供公共服务为中心，弱化政府绝对的主导作用，主张政府高度认同公民权利的存在，公民则可以根据自身利益自主选择发展方向，以公民自身为中心，享有相应的利益。新公共服务理论的核心价值观是"服务，而不是掌舵"，政府内部设立具有统筹协调监管职能和监督反馈职能的公共职能部门，以服务为政府行使行政权力的根本理念，不再以经济和利益为行政核心，为公民提供服务，并重新审视政府与社会公民的关系，以公民为服务中心，共享共治，最大程度上发挥公民的社会价值。

新公共服务理论基础及创新在于其将公民置于首位，不再认为公民是传统意义上的劳动者，同时赋予公民自身充分的自主权，政府则从公民的需求出发并做出回应，为公民提供服务，倡导与公民进行合作与共享，在此基础上公共组织良性运行，最终获得成功。追求公共利益也是新公共管理理论的核心要义，公共利益是需要共同维护的，追求公共利益则需要在公众之间及公众和政府之间建立良好的沟通协商机制，使所有公民都参与其中，从而使公民将关注中心从个人利益转移到公共利益上去，最终通过公共利益最大化来满足个人利益最大化。新公共服务理论另一重要的创新点在于它重新定位了政府角色，将服务者职能定位在"掌舵者"之上，同时承担"划桨者"角色，提出服务是公共管理的本质。政府的首要任务就是帮助公民实现自身的利益，改变行政管理理论的强调控制与掌管公民和社会，注重协调互动。

当前我国政府正处在职能机构改革重要时期，管理型政府向服务型政府转变已是大势所趋，协调共享等发展理念与新公共服务理论的核心理念不谋而合，从而发现新的发展理论可以为中国服务型政府建设提供指导。在职能机构转变上，完善公共服务供给机制、政策保障机制、督察反馈机制、民众诉求机制、追责机制，从公民的需求出发，政府提供多元化、多层次的公共服务予以回应，与公众建立沟通协调机制，提供精准化的公共服务，打造多元供给模式，政府与公民一起追求最大的公共利益。

四、公共体育服务发展中企业家政府的由来

由于高度集权化的官僚组织对公共利益的维护不力和对公民需求的反应迟钝，分权被认为是使传统的官僚制组织开放并"降低官僚化程度"的必要手段。20世纪80年代，英国的撒切尔内阁和美国里根政府先后实行了大规模的国有部门或机构的私有化改革，尝试将部分政府职能剥离转向市场，以刺激效率的提升，同时降低政府开支。到20世纪90年代，这场源起于西方发达国家的政府再造浪潮席卷世界也漫延至发展中国家，产生诸多不同的称谓，如管理主义、以市场为基础的公共管理、企业型政府、新右派、新治理等。这其中新公共管理得到普遍认同，该学派主张借鉴私营部门的企业管理经验理论对政府及公共部门进行改革。新公共管理运动摒弃了传统官僚制的指令式政府工作形式，代之以客户需求为导向，即将民众视为政府或公共部门提供产品和服务的消费者，注重服务质量和效果评估，采用企业管理领域的技术手段和方法，力求在灵活反应、迅速有效的基础上实现部门目标。因此，必要的分权和授权就成为政府改革的关键。不论采用分权还是授权，政府都面临着原有职能的转变和机构设置、人员配置的变更。分权的对象涵盖社会上各类公共组织和私人机构，鼓励他们参与社会公共事务的管理。

1992年，美国知名学者戴维·奥斯本和特德·盖布勒所著的《改革政府：企业家精神如何改革着公共部门》是倡导对政府及公共部门进行企业化改革的代表性文献。他们将新公共管理范式下的政府改革概括为十个方面的原则，搭建了新公共管理改革的基本分析框架，深刻地影响了后来学界对于政府治理的研究。他们主张：政府应当掌舵而不是划桨；对社区组织应予授权；政府在提供公共服务过程中也应当引入竞争机制；政府应当具有使命感，而不仅仅是照章办事、循规蹈矩；政府工作应当讲求产出效果，而不是一味地关注投入拨款；政府应当以顾客需求为导向，而不是以政治需要为导向；政府应当有事业心，关注收益，避免浪费；政府应当有预见性，致力于预防或避免某些社会问题，而不是仅仅在事后处理或被动应对；政府应当打破等级制，营造各类组织部门与机构协作参与的社会体系；政府也应当重视市场的调节作用。奥斯本和盖布勒认为，过去实行的官僚制，其存在着历史必然性。受限于各地区之间、各类组织之间以及组织层级之间信息交流障碍，行政人员普遍教育程度不高，政府有赖于集权式的行政指令式管理。随着时代的变迁，尤其是信息技术的发展，使组织内部和组织外部的联结更加紧密和便利，因此，分权显现出比集权制更加灵活、有效率，更加鼓舞士气、鼓励创新，更能够激发员工更强的责任感。

新公共管理运动的出现，推动着"企业家政府"组织模式的形成。原有的政府大型的等级制开始瓦解，代之以分散、独立的更小单元的基层治理机构。新的分权式多元主体更加贴近民众的生活，更加关注民众需求，更加能通过为民众提供公平、优质、高效的服务赢得民众对政府的信任。

传统的公共行政学观点认为，不能允许行政人员有太多的自由裁量权，因为那将导致执行偏差。然而，新公共管理学派则推崇赋予政府管理者们更广泛的自由裁量权。后者所言的广泛的自由裁量权是指政府在转变职能、将更多的权力下放或转授的过程中，脱离过去的事必躬亲型的直接微观管理，改为引导规范型间接宏观管理，不再干预具体的操作性事务，而是致力于营造良好的制度环境。

为了避免公共权力的滥用和行政人员的自利行为，新公共管理改革强调产出控制和绩效评估。在企业管理中常见的交易成本理论、委托—代理理论，以及质量管理、目标管理、绩效评估等管理工具都被广泛应用到世界各国政府及公共部门。"绩效评估决定了资源的分配，政府比以往任何一个时候都更加重视结果而非过程。"在欧美，法国于1989年成立国家研究评估委员会，专门领导跨部门的政府绩效评价工作；美国于1993年通过《政府绩效与结果法案》要求在联邦政府的各个机构都推行绩效评估制度，专门成立"国家绩效评议委员会"，广泛吸纳专业评估人员和社会公众，负责对联邦政府的政策制定框架和政策绩效进行评价。在亚洲，日本为了保持政府绩效评估工作的连续性、稳定性和权威性，专设行政评价局负责对内阁和政府部门的各项政策实施全面深入的绩效评价，同时对政府部门已实施的政策实施再评价；韩国政府内部不仅专门设立了政策分析与评估局，而且还成立了独立的政策评估委员会，以及直属于国务总理的政策协调办公室，负责对政府绩效评估的指挥与协调工作。绩效评估进一步增强了新公共管理运动的民众本位和服务取向，引发了人们对于政府行政改革的深入思考。

新公共管理运动摒弃了传统公共行政管理认为政府是公共物品的唯一提供者的观点，借用私人部门的管理技术和激励手段，试图创造一个节约、高效的政府。但是，在市场化体制下，追求利润的动机将大幅提高公共服务供给的实际成本。公共管理者仍然需要保证服务质量和社会公平，与私人部门之间达成契约合同的行政技术问题更加复杂，政府控制和责任划分变得更加困难。新公共管理运动倡导的市场化分权、授权机制，使行政组织和人员更具有创新精神和主动性，弥补了传统官僚制组织僵化和缺乏弹性的缺陷，但同时也破坏了层级制组织的严密性、稳定性与权力制约。市场规则下的利益导向损害了公共行政体系的目标一致性，各自为政以及个体自利行为更加不利于公共精神的维护。新公共管理运动主张行政人员积极参与政策制定和执行，认为传统的政治与行政"二分法"会压抑行政人员的积极性。然而，这一思想的解除往往会导致行政权力的过分扩张，弱化对行政机构及其人员的行为约束。减少公共雇员、打破文官制是新公共管理运动的又一重要观点。虽然增加市场雇员会有效节约公共支出，但行政人员的奉献精神、公共价值观和忠诚度都将随之降低，对于政府部门及其工作人员的绩效测量更加困难。

第二节 河北省农村公共体育服务概述

一、农村公共体育服务

（一）农村体育

"农村"被定义为农民聚居的地方，而在农村开展的体育活动可被定义为在农村地区，通过广大农民的劳动与参与，结合地方环境，建设符合我国城镇化和地域文化特色的大型体育传统项目，满足人们健身、休闲娱乐和社会交往的需要，其活动的主要特点是活动内容的多样化、本土化、时间的休闲化、分散化。农村体育的开展有利于丰富农村居民的农闲生活，增强体质，增进人际交往，对一些慢性病起到防范和缓解的作用。

（二）农村公共体育服务概念的研究

推进乡村振兴战略的实施，体现了人民群众的美好期待，党和国家也对此做出了的积极回应，乡村振兴的关键在于农民，农民是乡村振兴的主体，需要将提升农民素质作为重点实施项目。农民素质的提高、农民基本生活需求的满足，需要通过农村公共体育服务手段来解决。所以，只有深入了解农村公共体育服务体系的概念和内涵，才能开始构建和完善农村体育服务体系。农村公共服务共分为四个层次：一是提供基本生活服务，包括就业服务和基本社会保障等；二是提供公共服务，包括教育、医疗、公共文化等；三是提供公益性基础设施服务（如公路网、通信网、水利网、电网、铁路网等基础设施建设，政府需要提供属于公益性的部分），包括环境保护、基础设施建设等；四是提供公共安全服务，包括生产安全、消费安全、社会安全等。"农村体育"可以作为限定词，公共服务可以作为上位概念，即"农村公共体育服务"是一个名词，由"限定词+上位概念"构成。按照以上农村公共服务的四个层次，将农村公共体育服务同样界定为四个层次，首先政府、社会和市场是农村公共体育服务的供给主体。四个层次分别是：一是提供基本民生服务，包括体育政策法规等；二是提供公共服务，包括农村体育教育、农村体育文化建设等；三是提供体育服务，包括体育健身和体育指导等；四是提供公共安全服务，包括参与保障、设施保障等。

(三)农村公共体育发展的历史使命

1. 社会建设的探索者

中国社会建设从经济制度的革新到民众认知观念的转化,再到基层结构的乱象和既得利益的变化都是矛盾出现的原因。故政府对于中国的社会发展进行了大规模的探索和实践。首先,在党的十六届四中全会中提到对于社会的统筹管理的机制改革。其次,在党的十七大中提出政治、经济、文化与社会建设的四位一体的建设方针,对于基层的管理制度进行重点强调。最后,习近平总书记在党的十九大报告中指出,改善民生、完善公共服务制度,做到人人享有。在以上国家政策基础上,体育成为民众可以倾诉心声的媒介工具,其不仅能够增强人们的健康意识,满足人们日益增长的健身需要,还可以增加人们的体育消费观念,为经济创收。而农村公共体育服务的发展亦离不开公众的共同参与,其一方面可以对农村体育文化的发展有促进作用,另一方面更可以让民众更多地参与到农村的社会治理之中。

2. 公共服务发展的参与者

公共服务与社会建设的关系可以从多方面考量。社会建设包括以社会结构变化为主的制度建设和以社区建设为主的实体建设。而常见的公共服务以及公共产品属于实体建设的一种。因此,公共体育服务隶属实体建设的一部分。其中,社会事业、社区管理以及组织机构等亦属于社会建设的范畴。在公共服务的领域中,集合了教育、文化、卫生、体育等类型,显然,农村公共体育服务属于其中一种。如果从民众需求角度出发,农村公共体育服务与人民的关系较为密切,因为它关系到民众的健康,关系到民众的生活质量。而农村公共体育服务的健康持续推进,对于社会建设的稳定有着积极作用。而这恰恰是由体育的功能所致,一方面体育可以吸引民众参与,促进社会和谐,另一方面可以传播正能量,引导民众树立正确的价值观,从而促进社会的健康发展。农村公共体育服务在社会建设中的作用不言而喻,因此,我们应从上位学科的知识体系找到其所隐含的价值,并且发现其所应有的担当。

(四)农村公共体育服务发展的限制因素

1. 自然条件和人力资源的限制

我国现阶段农村公共体育服务受到自然条件和人力资源的制约,在一定程度上还未得到重视。自然地理条件的限制和人力资源投入的匮乏是农村公共体育服务发展缓慢的重要因素,农村公共体育服务发展的自然、人力困境包含了发展主体和实践主体两大对象。发展主体的困境主要表现在农村长期处于资源分布不均衡的状态，和城市相比存在较大差距，主要体现在基础设施、教育、医疗等公共服务方面；而实践主体的困境表现在农村公共体育服务体系界限的划分，综合农村体育在发展过程中的具体诉求，实践主体中各行业、部门、行政间的营利性、破碎性、个性化现象严重，导致农村体育机构与不同形式的社会组织之间存在界限。

2. 社会文化和意识形态的限制

作为历史的传统农业大国，我国长期保留着农耕文明的传统，由于农村地区信息传递缓慢、技术较为落后，这种农耕文明保守元素与体育的进取精神相违背。体育作为历史发展过程中积淀的文化瑰宝，因其源远流长，与相对封闭的乡村文化渐行渐远。体育文化提倡奋斗、坚毅、积极、勇敢等价值观，而这些往往是坚守社会静态为主要特点的农村地区并不看重的。

另外，农村群众思想落后，迷信"天命"缺乏主动体育锻炼意识，并且恶性循环。因为长期欠缺科学的生活方式和态度导致农村公共体育服务缺乏自我动力。鉴于此，在缺乏体育活力的农村，如何通过农村公共体育服务的有效供给，打破历史文化形成的思想桎梏任重道远。

3. 经济和物质基础的限制

农村拥有特殊的土地资源优势，也在长期生产生活过程中形成了一些传统体育项目。但由于当前体育行政部门在农村公共体育服务协同治理的发展过程中仍发挥着绝对的主体作用，加上农村地区体育消费能力较弱，导致社会资源对农村公共体育服务缺乏资金投入动力，使其背后蕴藏的巨大价值未能得到开发利用，致使农村体育经济发展迟缓，甚至陷入低迷。物质的匮乏体现在运动场所和器材的配备不足和使用率低下，体育基础设施在农村的普及度不够高，并且缺少体育指导员。农村体育产业和体育事业的发展受到严重阻碍，体育的功能价值在农村得不到充分发挥。

（五）农村公共体育服务发展的终极目标

1. 全民健康

2002年，国务院提出改善新时期、新阶段体育工作的指导意见，提出：从基本国情出发，以全民参与为目的，积极开展群众性体育活动，逐渐提升全民健身意识。2011年，国家提出：全面推进"十二五"规划，提高全民健身，促进公共体育服务的体系构建。而在2016年国家体育总局印发的《体育产业发展"十三五"

规划》中，又指出要增强体育服务功能，从人民的健康出发，加大体育产品的供给速度，对外刺激人民消费，对内增加就业，从而更好地发展体育产业。《全民健身计划（2016—2020年）》的实施，使得农村公共体育服务的体系日渐完善，民众的健康意识逐步增强。截至2020年，全国经常参加体育健身的人数达到5亿，人均锻炼场地面积可达2平方米。农村公共体育的发展决定全国的公共体育发展，全民的健康并不在于城市体育发展的如何快速，而在于农村体育这块短板，只有把农村体育壮大起来，全民健身才能得以实现。

2. 共享理念

共享理念是指将优势资源进行整合，根据共享的理念将资源合理分配以达到最优状态。而共享理念在农村公共体育服务体系中起着决定性作用，一方面，拥有技术的个人或集体，将其分享给村民，让村民可以就近学习先进的理论和技术知识，从而积极地参与到体育运动中；另一方面，个人或企业可以共享其场地设施，或者无偿为乡村捐献器材以供村民健身。共享理念应始终贯穿到农村公共体育服务的路径构建之中，每个人有义务和权利去加快体育事业的建设步伐。而共享理念与生态文明观不谋而合，都吸取中国古代"天人合一"的思想理念，以促进人与自然和谐相处为最终目标。每逢过节，部分河北省农村经常举办盛大的活动，而农村体育在其中占据了半壁江山，可见农村公共体育服务发挥了独有的功能，在推进体育创新、组织协调发展中起着举足轻重的作用。

（六）农村公共体育发展的意义

1. 有利于实现乡村振兴战略

乡村振兴战略是党的十九大做出的重要战略部署，发展农民体育事业是乡村振兴战略的重要组成部分，农村公共体育服务则是农村体育事业的重要内容与重要体现。因此，农村体育公共服务的发展是十分必要的，其在推进农村现代化发展、促进农村产业转型、帮助农民形成健康文明的生活方式等方面都具有重要的意义，能够助力乡村振兴战略的实现。

2. 促进了和谐社会的发展

农村公共服务的发展能够保障农民的体育权益，为他们提供基本的公共体育服务及产品，满足农民的多样化需求，解决农民的体育需求与供给不足方面的矛盾，缩小城乡差距，促进城乡公共体育服务的均等化发展，进而缓解社会矛盾，维护社会公平，促进社会和谐发展。

3.有利于实现体育强国目标

将我国建设成为体育强国是我国体育事业改革与发展的前进方向，而建设公共体育服务体系是建设体育强国的重点和难点，农村的公共体育服务建设与发展更是重中之重。实现农村公共体育服务的发展，能够切实保障农民的体育权益，使农民提升自身的身体素质、培养体育意识、养成锻炼习惯，促进农村体育发展及全民健身体系的完善，从而为体育强国的实现奠定群众基础，促进体育强国目标的实现。

4.促进了基层体育文化的发展

我国的体育事业具有突出的文化传播力，对建设社会主义文化强国具有重要的作用。做好农村公共体育服务建设工作，实现农村公共体育服务的发展，能够为体育文化发展创建良好的平台，促进农村体育文化的发展，提升农民的体育意识。创建体育文化氛围，促进基层体育文化的发展，进而实现我国文化的发展与繁荣。

二、乡村振兴战略与农村体育

（一）乡村振兴相关研究

在我国，有关"三农"的研究一直是热点。在乡村振兴战略正式提出之前，学者们就以乡村建设、乡村发展和农村经济振兴为主题进行相关研究。以黄季焜、项继权、黄祖辉和潘家恩为主要代表的学者站在历史与发展的视角下对于农业农村研究领域中基础性、理论性概念做了剖析；以陈锡文、韩俊为代表的群体对于中国农业农村现下的问题及战略方向，尤其是城乡发展中出现的各种状况进行了归纳；以王勇、潘家恩为代表的学者针对乡村衰落与复兴、城乡发展之争进行了辩论。针对城乡发展失衡造成的治理难题，郑风田、刘守英提出走城乡一体化发展道路，重中之重是注重城乡互动发展；蔡昉对其进行了补充，指出主要是走以人为本的城镇化发展道路。高慧智等以高淳县作为乡村振兴案例分析的对象，通过实证研究，总结出主要做法和经验启示。

国外学者主要围绕乡村振兴、乡村建设、乡村发展等主题展开研究。对于乡村振兴要素的研究，美国学者格拉德温（Gladwin C H）等以北佛罗里达农村企业家为研究对象，发现创业精神是乡村振兴的重点要素之一；Korsching P 在实地考察美加两国的乡镇社区发展联盟组织后，总结出社区之间的相互协作在农村振兴中发挥出重要作用的经验。针对乡村振兴主体的研究，格林（Greene M J）认为政府是乡村振兴事业中独一无二的主体；阿优巴米（Ayobami O K）等将旅游志愿者作为研究对象，论证了该群体在乡村旅游事业中的重要性；川手（Kawate T）分析了日本民间组织如农村复兴和改革组织对于农村振兴的作用。还有一些国外学者将乡村发展和全球治理放在一起讨论，通过案例分析，对乡村振兴有关策略进行探讨分析。

（二）乡村振兴战略内涵及意义研究

党的十九大报告中首次提出"实施乡村振兴战略"。此后国务院出台《中共中央国务院关于实施乡村振兴战略的意见》文件，文中提到要"坚持农业农村优先发展，按照产业兴旺、生态宜居、乡风文明、治理有效、生活富裕的总要求……让农村成为安居乐业的美丽家园"。这段话阐明了乡村振兴内涵的基本维度，成为乡村振兴战略的官方版本。诸多学者对乡村振兴战略各个方面都有着独特的见解，同时也有着基本的共识：乡村振兴与社会主义新农村建设之间的联系不是割裂开的，而是一种发展、升级与超越的关系；乡村振兴战略与先前国家所提出的城乡统筹发展、城乡一体化在思想与目标上是相互关联的，并且还具有时代特征的扩展与升华。

（三）乡村振兴战略下发展农村体育的必要性

乡村振兴战略旨在改善农村产业结构、生态环境，创造文明乡村，提高乡村治理水平，提高农村居民收入，从而提升农村的整体发展水平，提升农村居民的生活质量。乡村振兴战略的核心在于以人为本，发展是为了满足人民的需求。近年来，在乡村振兴战略的引导下，农村居民的生活水平逐渐提高。随着农村居民生活逐渐富裕，精神层面的需求也随之提高，农村居民对文娱生活的需求逐渐增加，因此，为了满足农村居民需求，需要发展农村体育，这也是体育资源、体育成功共享的一种表现形式。另外，发展农村体育能够为农村提供更多的就业岗位，提供资金流通渠道，进而改善农村的产业结构，促进农村的经济发展，带动乡村振兴。因此，从一定意义上来说，二者是相辅相成的。只有乡村振兴带来人民富裕，才能为体育发展提供基础，否则，我国农村还有很多居民仍在温饱线上徘徊，他们是无法对体育产生兴趣的。而农村体育的发展又是一种盘活农村经济的手段，能够促进农村的经济增长，提高农村居民就业率，进而改善农村居民生活，促进乡村振兴。可以结合农村的当地特色，建立乡村体育小镇；发展特色旅游业，深入挖掘旅游资源；将农村的民俗、特色健身方式等进行整合，发展成新型体育项目，进而提高农村居民的健身热情，使其主动参与到体育运动事业中。长此以往，参加体育的农村居民数量提升，体育事业得到规模化的发展，不仅能够优化产业结构，促进经济发展，而且还能够推动乡村精神文明建设的进程，提升政府部门的公信力。

三、河北省农村公共体育发展的必要性

（一）体育强国建设的需要

"体育强则中国强，国运兴则体育兴"。体育事业的发展与我国社会的进步息息相关，体育强国是新时代体育事业发展的追求，也是最终表达方式。当前我国人民群众健康水平的提高离不开体育，体育是提高人民健身水平的基石。体育是人民的体育，纵观体育史，我国历代领导人对体育的重视程度不言而喻。从体育大国向体育强国的迈进，将我国打造成为体育强国也是我国各族人民的理想与愿望，也表达了人民对健康的美好诉求。

农村公共服务体系水平与人民群众健康需求密切相关，通过公共体育服务体系的建设，能够大力发展农村体育，提高农村体育的发展水平。通过公共服务供给，可以有效保障人民群众的体育权利，这也是公共服务体系建设的重要内容，对提高文化软实力起到了不可替代的作用。与此同时，推进公共体育服务体系建设也是实施"健康中国"发展战略的需要。

（二）乡村振兴战略的需要

乡村振兴是习近平总书记在党的十九大报告中提出的战略，乡村振兴提出了"产业兴旺、生态宜居、乡风文明、治理有效、生活富裕"的20字总要求。完善公共文化服务体系是实现乡村振兴的有效措施。公共体育服务是公共服务体系的重要组成部分。只有构建完善的农村公共体育服务体系，为农民体育健身活动和其他农村体育活动提供物质上的支持和制度上的保证，才能更好促进农村体育的协调可持续发展。当前，体育事业在农村的社会发展中发挥着越来越重要的作用，农业农村现代化也包括实现农村体育现代化，它与农村美、农民富、农业强的实施目标紧密相连。然而，不可忽视的是当前我国城乡体育发展不均衡不深入的问题尤为突出，乡村振兴关系到我国能否从根本上解决城乡发展不均衡的问题，关系到我国能否实现城乡一体化和农业一体化的可持续发展。目前我国正处于乡村振兴战略初期，需要科学把握农村公共体育服务协同治理对乡村振兴的意义，深

挖公共体育服务在农村发展过程中出现的问题，进而有针对性地制定出合理的方案策略，为推动乡村振兴贡献体育力量。

（三）体育强省建设的需要

河北省农村地区作为河北省经济发展的较为薄弱的一部分，对农村公共体育服务体系的研究有利于找到薄弱之处，着力打造体育强省。随着河北体育强省建设目标的不断推进，农村公共服务体系建设也不断取得新的成绩。但由于农村的经济基础一直以来都较为薄弱，农村体育的发展基础较差，尤其是河北农村地区，长期的经济落后性导致农村体育的发展与城镇差距较大。农村公共体育服务可以促进农村体育的发展，有效推动农村经济文明建设，在乡村振兴战略中发挥了重要作用，这也为农村体育的发展提供了物质基础与政策保障。

第二章　乡村振兴战略下河北省农村公共体育服务体系构建

本章内容为乡村振兴战略下河北省农村公共体育服务体系构建，主要从六个方面进行了介绍，分别为河北省农村公共体育服务体系构建基础、河北省农村公共体育服务设施体系构建、河北省农村公共体育服务组织体系构建、河北省农村公共体育服务运行体系构建、河北省农村公共体育服务保障体系构建、河北省农村公共体育服务监管与评价体系构建。

第一节　河北省农村公共体育服务体系构建基础

一直以来我国城乡和区域的发展都处于一个不平衡的状态，农村问题作为我国发展与需求之间的突出矛盾，同样也是我国现代化建设过程中的短板问题。解决好农村问题是实现中国梦的关键一步，也是实现乡村振兴战略的重要一步。由于我国长期处于社会主义初级阶段，社会的发展加速了城镇化的进程，因此实施乡村振兴战略必须运用科学合理的现代化手段，构建健康高质量发展的新农村。这一战略秉持以人为本的基本原则，将农村居民作为乡村振兴战略实施的关键性要素，满足农村居民需求，促进乡村的精神文明建设。随着生活水平的不断提高，农村居民对生活质量的要求也在逐年递增，对基础设施建设的要求也在稳步提高。推进健康乡村建设，推动农村居民的全面、健康发展，农村体育的发展迫在眉睫。因此，对公共体育服务体系的不断完善，不仅助力乡村振兴战略的实施，还能够有效满足农村居民需求，推动农村的精神文明建设。

一、公共体育服务体系

（一）概念

伴随着我国社会主要矛盾的转变，如何解决公共体育服务体系的内卷化？

如何完善公共体育服务体系的碎片化？这些问题成为新时代公共服务高质量发展道路上的拦路虎。首先需要对公共体育服务体系进行概念的界定并且达成统一的认知。

我国公共体育服务体系概念和构成相关研究中最具代表性的，是王才兴2008年发表的《构建完善的公共体育服务体系》一文，论文的研究结果表明，公共体育服务体系的第一前提必须是以国家政府部门为决策方，而且整个体系必须围绕群众来展开，它是满足群众的各类体育需求（包括资源和服务在内）。而且论文还认为整个体系必须包括服务的主体、基本的设施以及相应的机制和法律法规等12个部分。郁昌店和张琼在公共体育服务体系概念方面与王才兴持有不同观点，首先他认为公共体育服务体系应包含狭义和广义两种概念。广义的概念应该是：以服务主、客体和所处环境为组成要素，以达到供应和实际需要之间平衡为目的，包含供给与需求、内容与保障、评估和运行机制等六个要素；狭义的概念是：仅仅包含内容体系的国民体质监测、奥运争光、体育指导、体育信息和体育活动以及体育设施等六个服务。

杨俊峰结合前人的研究再次对概念和构成进行了补充和完善，他认为公共体育服务体系是一个囊括多个保障和服务系统的整体，是一个持续想要将广大人民群众体育锻炼的基础设施和所处环境不断优化，真正为锻炼群众提供满意服务，提升人民体质健康水平并按照固定的方式排列的系统。而在王家宏看来，其根本就是一些制度安排，是在服务过程中或为确保服务的正常进行的过程中逐渐衍生出来的，关于如何进行服务、进行怎样的服务和服务的基本要求等安排的统一名称，但是归根结底这些都必须在政府的引导下进行。王占坤认为公共体育服务体系是一个由多个部分相互促进、相互保障而组成的总和，在这个总和内主要是以政府为领导核心，社会各界广泛参与，以供给总量、来源和法制法规为动力源泉，来实现提升群众身体素质和运动兴趣，促进体育强国的早日达成所进行的各种行为总和。

（二）历史阶段划分

对我国公共体育服务体系历史发展阶段进行划分，有利于客观、动态的认识公共体育服务体系的发展变化，探究其历史发展的规律和要素，进而对我国新时期公共体育服务体系建设作出概观和前瞻。党的十一届三中全会的召开和《关于加强大型体育场馆运营管理改革创新、提高公共服务水平的意见》发布，是历史进程中的重大事情，张纳新以此划分为三个历史阶段：由政府单一供给模式阶段，改革开放前（1949—1978年）；由政府与市场联合供给模式，改革开放后（1979—2012年）；政府、市场、社会等多元化供给模式，新时期（2013年至今）。历史发展的创新突破口同公共体育服务体系供给侧改革处在同一时期，詹兴永以此划分为三个历史阶段：1949—1978年，政府一元化供给；1979—2001年，政府主导的多元化供给；2002年至今，新发展理念下的复合供给。公共体育服务体系萌芽到建立健全是一个长久历史过程，金涛以此划分为四个阶段：计划经济时期（1949—1978年），公共体育服务规模不断扩大，相应完整的体系开始建立；改革开放初期（1979—1992年），竞技体育为中心的"有政策、无措施"发展；社会主义市场经济确立时期（1992—2001年），构建新型体育服务供给需求关系的法制协调发展；全面建设小康社会时期（2002—2020年），逐渐修正升级公共体育服务体系。

体育发展史上的重大事件和新中国改革时间节点是学者们划分发展阶段的主要依据，改革开放前后、党的十四大、十六大和十八大会议以及重要文件的发布都是体育改革的重要转折点，可以作为公共体育服务体系历史阶段划分时间节点。中华人民共和国成立后，公共体育服务体系建设与政治、经济、文化和社会发展密切联系。十八大提出创新、协调、绿色、开放、共享的新发展理念，要以改善民生、服务大众为重要抓手，促进公共体育服务体系发展更加均衡丰富化。

（三）公共体育服务体系研究

综合分析公共体育服务体系相关研究，可以看到当前发展存在的不足，亟须政府有效发挥"大体育"工作机制作用，改善我国公共体育服务地区、城乡、行业以及人群之间体服务发展不平衡的现状，进一步提高公共体育服务供给能力和水平。目前公共体育服务体系的研究热点和方向多集中于宏观层面，中、微观层面研究存在缺失，可以进一步拓展研究空间。

（1）加强对国家战略措施研究。国家为完善公共体育服务体系，从"十二五规划"到"十三五规划"期间相继出台系列相关文件，《体育强国建设纲要》的出台开创了体育发展新局面，明确战略目标、提出战略任务、确定工程项目和提供政策保障等措施凸显我国高度重视体育发展。弥补发展战略的研究，可以为完善公共体育服务体系明确目标任务，规划发展阶段，提供政策保障，有利于解决结构性矛盾，破解管理机制困境和规范政策制度实施，实现公共体育服务体系科学全面发展。

（2）加强对动力体系研究。动力概念由物理学引入社会学等学科，即推动系统发展和优化的力量。公共体育服务体系是一个立体系统，不仅受政府部门引导和政策法规约束，还受到政治、财政、监督以及考核等要素影响。开展对动力机制激励因素、约束因素和保障机制几方面内容的研究，有利于形成正向引导作用，从根本模式和体制上提升我国公共体育服务体系整体水平。

（3）加强对绩效评估标准体系研究。绩效评价是政府、企业、单位职能管理和决策确立的有效途径，以绩效评价为抓手来衡量公共体育服务体系成果，包含了政绩、职能、财政、效率、发展等多方面评价范畴，是评价公共体育服务质量和公共体育资源配置均等化的要素。对绩效评价进行深入研究，有助于政府科学全面地认识公共体育服务体系现状以及存在问题和困境，通过探究评价指标标准和评价方法，有利于我国政府职能转型，促进对公共体育服务体系管理的规范化、制度化和法治化。

（4）加强对均等化资源配置研究。我国公共体育服务体系发展不平衡不充分现象尤为明显，在地区、城乡之间资源配置不均等，在群体之间出现偏向性，这些都是由于经济、户籍、工作等多种因素影响带来的差异性。实现公共体育服务均等化需要理论基础支撑，因此要探讨偏远地区、城市边缘地带以及弱势群体的公共体育服务资源配置均等化问题，丰富理论支撑，以理论推动实践创新。另外要总结国内外均等化进程的问题和经验，结合实际探寻适合地区、群体的公共体育服务均等化路径和措施。还要加强理论与实践相结合，提升我国公共体育服务体系均等化理论运用和实践能力。

二、农村公共体育服务体系

（一）农村公共体育服务体系构建的作用

1. 促进了健康中国的发展

健康中国发展战略，是国家为了能有效推进社会健康建设，提高全国人民的健康水平而提出的。2016年8月26日，在中共中央政治局召开的会议当中，审议通过了"健康中国2030"规划纲要，随后国务院于2019年7月15日，又再次印发了《国务院关于实施健康中国行动的意见》以及《健康中国行动组织实施和考核方案》。我国是一个农业大国，农业人口众多，但是因为经济和历史因素，我国城乡体育发展不均衡的问题一直比较的凸出。我国在2016年《体育发展"十三五"规划》中，曾明确提出了要加快完善公共体育共建以及共享机制，着力推进体育服务均等化发展工作，与此同时，随着健康中国战略的提出,为我国农村公共体育服务发展带来全新的机遇。通过加快我国农村公共体育服务体系建设,将助力"健康中国2030"战略目标早日实现。健康中国与农村公共体育服务两者之间的发展既能相辅相成、相互促进,又能互惠互利、共赢发展。

2. 促进了全面建成小康社会目标的实现

"小康"是邓小平同志于1979年在接见时任日本首相大平正芳时提出的,随后该概念得到不断丰富和完善。党的十五届五中全会提出全面建设小康社会以及"两个一百年"的奋斗目标[①]。党的十六大报告正式提出在2020年建成小康社会的目标。党的十八大报告首次正式提出全面"建成"小康社会[②]。2021年7月1日,习近平总书记在庆祝中国共产党成立100周年大会上宣告:"经过全党全国各族人民持续奋斗,我们实现了第一个百年奋斗目标,在中华大地上全面建成了小康社会,历史性地解决了绝对贫困问题。"[③] 这一过程全面反映了中国在经济、文化、社会、人民生活等各方面取得的巨大成就。全面建成小康社会意味着人民生活水平和质量普遍提高,国民素质和社会文明程度显著提高。全面小康应该是农村地区共同发展的小康。当前,我国农村公共体育服务的水平与城市相比存在一定差距,存在社会动员不够、服务覆盖面小、服务质量较低等问题。在此背景下,地方政府要对公共体育服务体系进行进一步的构建和完善,全面推进农村体育公共服务和民生保障建设。

(二)影响农村公共体育服务体系构建的要素

农村公共体育服务体系建设受到多方面密切相关的要素影响,供给内容、服务水平保障措施等改革成果与之紧密相连。翻阅文献,针对要素作用的研究主要集中于五个方面。

1. 国际要素

全球化大背景下,西方发达国家公共体育服务体系的建设成果与经验,如供给方式改革、服务内容选择以及政策制度保障等值得我们学习和借鉴。要结合我国国情,构建适合我国社会发展的公共体育服务体系。

综上所述,影响要素之间相互联系、相互作用,加强对各要素作用的综合研究有利于补齐公共体育服务不均衡短板、完善公共体育服务体系。

---

① 中国共产党第十五届中央委员会第五次全体会议. 2000年10月.
② 中国共产党第十六次全国代表大会. 2002年11月.
③ 习近平. 在庆祝中国共产党成立100周年大会上的讲话. 2021年7月1日.

2. 政策要素

相比公共服务体系中教育、卫生、艺术和文化等相关政策的实施精准度，公共体育服务政策推进力度欠缺。我国公共体育服务管理模式呈现二元结构，相关制度政策落实不到位，导致相关法律约束效果差，公共体育服务供给无法真正满足群众真实体育需求。

3. 社会要素

科学、服务型政府是社会进步的先决条件，行政绩效水平体现在社会实效成果，两者相互依存。政府需要结合社会文化差异来改善公共体育服务供给内容和模式，进而满足人民群众多元化、个性化的体育需求。因此，建设公共体育服务体系，要立足中国大体育国情，不仅要考虑不同地区社会文化的影响，还要与地区经济水平相适宜，因地制宜，全面发展。

4. 经济要素

经济是发展的基础，地方社会经济水平可以直接反映在服务水平质量上。公共体育服务体系供给主要由政府财政投入支撑，不同地区的 GDP 水平与公共体育设施数量和服务质量成正相关。我国又因长期处于二元经济结构，政府不免在供给需求平衡上出现"缺位"和"错位"，使不平衡不充分的城乡发展成为公共体育服务体系建设中的主要矛盾之一，需要发挥市场作用有效解决矛盾。

5. 区域要素

各区域经济发展水平、服务管理模式、多元影响要素等不尽相同，公共体育服务体系建设水准差异明显。中西部地处内陆，交通条件、经济水平和管理模式与东部相比明显落后，公共体育服务均等化进程滞后。完善公共体育服务体系，要遵循地区差异性和社会发展规律，合理规划并有效推进体系构建进程。

三、农村公共体育服务体系中的民主决策与利益表达

（一）利益表达的主体差异

民主决策是改革实施的基本保障，其实现有赖于利益表达机制的有效建立和顺畅运行。利益表达是指在政策制定与执行过程中，代表社会各阶层的团体或个人通过一定的方式和渠道向国家权力主体表达自身的利益需求，并以此影响政策输出的结果。建立完善的利益表达机制要求不同背景的利益主体能够获得平等的利益表达机会，且国家权力机构能够及时地给予政策回应。对于民众需求的广泛关注与合理回应，既是民主决策的重要意义，也是现代公共服务精神的核心要旨。

在民主决策体系的利益表达机制中，代表不同阶层利益的团体和个人共同构成了利益表达主体。这些主体因其对社会资源的占有程度不同，而拥有不同的机会获取能力和社会影响力。通常，人们将那些具有较强生存能力和财富创造能力、具备一定的就业竞争优势和抗风险能力的利益群体称为强势群体；相对应地，将那些生活能力较弱或存在社会权利缺失的利益群体称为弱势群体。在社会生活中，强势群体往往具有更积极、更广泛的话语权和社会事务参与权，对公共政策决策拥有一定的主导权；而弱势群体则是需要国家权力机构重点关注的群体，他们或者因自身条件限制而缺乏参与决策的能力，或者因社会资源占有的贫乏而失去利益表达的机会；除此之外，还有数量庞大且规模日益扩张的中产阶层，他们的社会资源禀赋处于强势群体与弱势群体的中间状态。建立有效的利益表达机制，必须充分考虑这三种利益群体的社会阶层特征及行为诉求，构筑一个机会平等、传递顺畅的信息表达通道。

不同群体的自我意识发育成熟程度差异，直接影响群体利益表达的有效实现。在这三类阶层群体中，强势群体相较于其他两类群体具有较为成熟的自我意识，群体组织集团化的倾向比较明显，利益要求明确一致，善于运用群体的力量影响政府决策、维护群体利益；当受到利益侵犯时，更容易实现群体联合并具备与政府进行博弈谈判的话语权。弱势群体的组织化程度较低，组织构成较为松散，虽然组织成员对个体利益要求具有一定认知，但对群体的共同利益诉求未能明确，群体意识缺失，群体利益表达的动力机制严重不足。对于数量庞大且构成复杂的中产阶层而言，尽管个体意识较为强烈，但由于利益诉求差异难以在群体内部达成一致，群体意识仍处于较低层次，群体利益表达尚未形成合力，利益表达能力有限。

不同群体对社会资源占有程度的差异决定了其利益表达机会的多寡。组织化程度较高的强势群体表达利益诉求的途径，除通过正常的制度化渠道以外，还包括呼吁调动各类民间组织，影响新闻媒体制造舆论氛围，获得具有话语权的知识阶层支持，甚至与政府行政人员结成利益联盟，从而使政府决策有利于群体利益的实现。相比之下，弱势群体拥有的社会资源普遍匮乏，这意味着利益实现、自由获得的可能性较低，在社会中的经济地位、政治地位、发展机会等重要参数均不足以支撑这一群体的充分权利表达。当利益受到侵害时，非制度化的利益表达方式就成为该群体的首选途径。这就解释了为何弱势群体较易采取越级上访、静坐抗议、自杀自焚等冲动过激的利益表达手段。中产阶层在社会资源的占有上处在社会结构的中间层，群体构成成分较为复杂，群体内部拥有的社会资源极不均衡，既包括拥有少量经济资本的小业主和自雇者等"老中产阶层"，又包括拥有技术资本的专业技术人员、拥有一定公权力的基层和中层领导干部、拥有一定数量资产控制权的企业管理者等体制内和体制外的"新中产阶层"。体制内的新中产阶层除了依靠市场能力，还能将再分配权力及公权力衍生出的"寻租能力"转化为获利资本，具有最为清晰的权威性利益表达路径。体制外的新中产阶层，其成长大多受益于经济体制改革和现代化发展，更为认同尊重私有财产和分配公平的市场价值观，个体意识较为强烈，能够积极投身政治生活，并相信自己有能力影响甚至改变政策，表现为参与型利益表达。老中产阶层一方面拥有抓住机会扩大其社会资本的欲望，另一方面身份上游离于政治系统之外，倾向于通过对某一个人或团体的支持来实现利益诉求，表现为支持型利益表达。可见中产阶层的群体内部组织分化明显，利益表达形式分散。

（二）利益表达的机制建立

健全完善的利益表达机制旨在为不同群体提供平等进行利益表达的规范性制度平台，应当具备公平、开放、多元融入的特征。一方面，保障不同群体以理性合法的形式表达各自的利益诉求；另一方面，帮助政府及时关注不同群体的利益需要并给予诉求反馈，提高政府决策结果的公正性。

1. 利益表达制度化

制度化是保障利益表达机制顺畅运行的根本途径。从表面上看，利益表达机制的缺失是引发诸多社会矛盾冲突事件的导火索，然而，究其实质，利益失衡与社会公正的制度化不健全才是威胁社会和谐稳定发展的根源所在。"所谓制度，是指稳定的、受尊重的和不断重现的行为模式。制度化是组织与程序获得价值和稳定性的过程。"法治应当成为解决社会矛盾与冲突的长效制度化手段。宪法赋予公民的合法权利仍然要依靠法律制度予以保障实现。政府及公共部门需要根据不同层次利益群体的表达能力及行为特征，创新利益表达的组织形式，明确利益表达过程的权利和义务，使利益表达的内容、范围、方式更为清晰、具体，规范利益表达的准则程序，以法治代替人治，在引导民众依法进行常态化、秩序化的利益表达的同时，强化政府作为规则制定者和冲突调节仲裁者的角色。改变现存的社会利益严重失衡的局面，建立利益均衡机制，提供民众情绪宣泄的制度化渠道。比如：信息获取机制，主动公开相关信息，保障民众的知情权、文件阅览、参与听证等权利；利益凝聚机制，由于分散不一致的利益诉求难以进入决策议程，采用一定的形式载体，以组织化的集体表达实现利益提炼和统一对于弱势群体尤为重要；利益协商机制，可被视为利益主体之间按照法定规则进行对话，自主解决利益冲突的机制，强调关系平等的主体双方自我管理及自我调节能力；调节与仲裁机制，发挥主体利益冲突解决的缓冲器作用，政府应当成为谈判平台的提供者及谈判结果的保障者。防止运动式治理体制化代替规范的制度化建设，决策者应认识到利益矛盾的存在是社会发展的客观存在，随着利益主体的多元化和利益诉求的分散化趋势，利益冲突与博弈、谈判将成为社会公共事务管理的必然组成。

2. 倡导理性表达方式

倡导理性表达方式是完善利益表达机制的核心内容。民众利益诉求的理性表达过程，是利益相关者在冷静分析、客观判断的基础上，自由发表意见，充分阐述主张，彼此理解、相互妥协，最终达成共识的过程。倡导民众利益诉求的理性表达，其所隐含的逻辑前提是民众与政府或公共部门等政策主体之间进行了有效沟通，双方通过交换立场和观点，互相磨合，寻求问题的解决之道。对彼此主体间关系的认可、有理由或有根据的辩论都是理性沟通的必要环节。理性沟通的主旨在于探讨在沟通中获得相互理解的经验，任何申述均可被争论、批评、捍卫和修改，寻求诉诸理性解决争议申述的方法，尽可能地避免采用权威、传统或暴力方式等强制手段解决有效性申述。有效性申述涉及言语行为的正当性、适当性与合法性，涉及申述者与客观世界所共有的价值与规范关系，而不是道德或真理范畴简单的正确与错误区分。此外，有效性申述还需考虑表达意图的明确性和表达情感的真挚与诚实。可见，理性表达也意味着民众对政策意见、规范和程序的广泛认同，是维护社会和谐稳定的基础，体现了利益诉求表达机制的价值目标和行为选择。

3. 增强群体表达意识

增强群体表达意识是建立利益表达机制的首要前提。增强群体表达意识的内涵包括明确群体利益需求、自觉主动地表达意愿、积极客观地参与地方决策、理性合法地面对侵害并维护自身利益。从个体层面而言，树立正确的权利观念，具备勇气和信心，以能够准确表达个体利益要求，能够正确区分根本利益、长远利益和群体利益，能够妥善解决和协调个体与群体之间的利益关系及冲突，当受到利益侵害时，懂得运用合法的和合理的手段维护自身的正当利益要求，这一切的实现还依赖于在全社会营造有利于民众主体意识培育的政治文化氛围。

4. 利益表达权利平等化

利益表达权利的平等是建立利益表达机制的核心。利益表达权利的平等体现在政策过程中公民平等地享有并能够实际履行利益表达的权利。由宪法和法律赋予公民的权利称为法定权利；公民将其具体实施的权利称为事实权利，也可理解为公民将法定权利在社会生活中的现实化。由于法定权利转化为事实权利需要具体实践环节的中介作用，因此在社会实践中，两者往往无法完全重合。目前，法定权利和事实权利的割裂已经成为制约我国公民参与和利益表达的根本问题。在我国，宪法中明确利益表达是公民享有的基本权利内容之一。然而，在具体实践中，公民是否能够实际行使这种权利并参与影响政府决策则受到诸多因素的限制。公共体育服务改革倡导的公平正义的价值取向也强调国家有必要运用行政手段和强制性力量保障弱势群体行使权利与享有机会的平等，即实现法定权利与事实权利的统一。

5. 畅通和拓宽利益表达渠道

畅通和拓宽利益表达渠道是建立利益表达机制的关键。我国现有的利益表达机制以人民代表大会制度为核心，包括政治协商、人民信访及基层群众自治制度等，虽然涵盖官方与民间、正式与非正式等多种渠道，反映了不同群体的利益表达路径差异，但由于利益主体社会政治经济地位、教育经历和主体意识等方面的差异，仍然存在渠道设置不合理、环节阻碍和信息传递丢失的现象，从而影响利益表达渠道的畅通和表达信息的接收及处理。畅通利益表达渠道也是进一步落实民众的参与权、知情权、监督权和表达权的必要条件。随着信息技术的不断创新和广泛应用，具有信息传播速度快、传播方式直观明了、影响广泛等特征的传统大众媒体以及微信、微博、直播等新媒体形式的出现正在民众的利益表达中发挥着越来越重要的作用。媒体传递的利益表达，在很大程度上避免了通过其他社会组织或群体的中介效应而可能产生的信息失真，可作为主体利益表达渠道的有益补充。此外，工会、行业协会等社会组织和团体应当充分发挥政府与民众之间实现有效沟通与合作的桥梁作用。要不断强化社会组织自我协调和自我管理能力，并通过理性的方式和渠道合法表达组织及组织成员的利益诉求。

（三）利益表达的民主内涵

1. 体现了民主自治

民主价值的实现取决于集体自决与个体权利之间持续运转的沟通和交流机制。换言之，个体意愿的表达并不一定意味着必然的民主，除非该意愿与集体意愿之间存在某种联系。因此，民主自治需要决策者从关注具体的决策结果转向关注决策产生、形成、修改及调整的过程。这一过程中的民众参与利益表达就是个体权利转化为集体自决的重要环节。民主制度框架下，集体意愿通常是由集体中的多数个体与少数个体之间在对某个命题持续不断地赞成与反对中互相妥协而生成的。保证人们平等地参与这一共识达成的过程，往往比最终的共识结果更加重要。

2. 丰富了政治自由的内涵

政治自由并非完全不受外在力量束缚的绝对自由，而是在法律框架下的自主选择。利益表达的权利同样在法律范围内具有不可侵犯性，其实现需要法律的保障和规范，并以不妨碍他人表达和社会秩序为前提。尽管受到"他律"和"必然"规则的约束，这种利益表达的自主状态仍渗透着主体的自觉性和能动性，反映着主体的价值诉求。

3. 促进了民主形式的变迁

社会主义民主是指选择、探索、创造能够实现、保障以人民为主和人民根本利益的民主形式。利益表达推动民主的广度和深度进一步扩大，民众开始利用选举制度等表达利益诉求，参与竞选并改变传统的人事晋升制度，从过去的表面参与逐渐转向完全参与模式，与组织其他成员共享决策信息，参与影响决策方案的选择。各参与主体不论社会地位、经济基础、教育背景，平等地就某一命题进行协商表达，体现了不同阶层、不同角度的民众意愿。当面临不同利益群体冲突时，坚持公共利益优先、整体利益优先的原则，明确衡量的价值标准和公正合理的取舍程序。

4. 加快了我国的民主建设进程

利益表达的充分与及时反馈将促使社会利益格局重新调整，权力和利益的再分配体现了我国民主政治的进步。如英国著名政治学家戴维·赫尔德（David Held）所言："当公民被允许参与民主并视之为一种权利的时候，才是名副其实的民主。"民众参与是衡量社会民主化的重要标准，行业协会和社团及其他类型社会组织的大量出现为民众以集团形式增强个体利益表达的有效性提供了重要载体。通过积极参与社团组织活动、宣传组织观点、维护组织利益，民众的参与意识、竞争意识和民主意识得以提高。规模化的社会组织将积极参与公共政策的制定，参与政府及公共部门之间的利益博弈，推动政府决策的民主化和科学化，同时发挥对公共权力的监督和制约作用。

四、河北省农村公共体育服务体系的构建思路

河北农村公共体育服务体系，是在乡村振兴的战略背景下，全民健身工程的

强有力推动下，以政府为服务的主要供给主体，兼顾社会体育组织和市场力量的协同作用下，以满足农村地区居民日益增长的体育文化需求为目标，为农村提供均等化的公共体育服务的要求而构建的，农村公共体育服务体系是以政府为核心辅以社会体育组织和市场为供给主体，为满足农村居民的日常公共体育需求而有计划有组织地为农村居民提供公共体育产品的一系列程序化的服务，它涵盖体育场地设施、体育活动、体育信息、体育资金、体育指导、体育组织、体育监督反馈、体育政策法规和体育绩效评价九个结构要素。河北农村公共体育服务体系的构建，旨在将公共体育服务的各要素系统地组织起来，形成一整套完整的服务体系，为农村居民提供更加系统、优质的公共体育服务产品，是农民享受一体化的公共体育服务的保障机制。体系构建的整体思路从以下四个方面体现。

（1）形成农村学校体育一体化发展体系，鼓励学校的体育老师和学生以及寒暑假回乡的大学生充实到公共体育服务体育指导员的队伍中，利用其学到的体育专业知识服务于公共体育事业，弥补农村体育人才短缺的问题。

（2）形成一体化的终身体育健身体系，农村公共体育服务的内容供给要实现均等化，尽可能满足不同年龄段所有居民的体育需求，开发"竞技体育＋健身体育＋休闲体育"的多类别产品，形成集竞技、娱乐、健身、社交为一体的多功能内容供给模式。

（3）形成一体化的体育信息化体系，利用现代网络信息技术，实现服务决策的意见征集，服务供给产品的内容、时间、地方等相关信息的发布，体育健康知识的指导和咨询，服务过程的监督与评价，问题的实时反馈等农村公共体育服组织实施全过程的各类信息的实时更新。

（4）形成多渠道的农村公共体育服务资金筹集体系，资金筹备是农村公共体育服务事业发展的保障，利用政府、社会体育组织和市场的公共体育服务供给主体间关系，协作共赢，形成"政府投资＋政策融资＋社会资金募集"的多渠道资金筹集体系。

五、河北省农村公共体育服务体系构建需要考虑的问题

（一）群体差异

公共体育服务的不平衡不充分，导致不同社会群体享有的体育服务水平存在明显差异，现有研究对象主要集中于城市和农村居民、学生群体以及其他群体。我国城市经济水平高，居民生活满意度高、体育服务需求大，政府提供多元化、

个性化的公共体育服务。针对农村居民，推动资源整合与分配，增加保障供给，鼓励体育社会组织承办赛事，加强制度法规约束力进而保障人民群众体育权益。农村公共体育服务水平和质量欠缺，投入资金不足、体育政策欠缺、体育设施落后和体育信息滞后是问题的根本所在。政府要联合第三方完善投入机制、加强制度建设和丰富服务内容等，科学构建农村公共体育服务体系。学生群体的公共体育服务主要以政府和高校为供给方，强化资金投入机制和保障体育服务质量，针对学生体育意外受伤，建立健全政府和学校的医疗保障和赔偿机制，进一步完善学生公共体育服务体系。另外城乡间务工的农民工群体和残疾人群体同属于公共体育服务人群，应充分发挥政府职能，联合社会、市场作为供给主体，为群体提供多元化体育服务、多样化服务内容。因此，要结合供给客体的实际需求，推进供给主体的统筹规划，指导公共体育服务向更高水平发展。

（二）空间分异

河北省公共体育服务在空间分布上发展进度参差不齐，发展不均衡，与地区经济水平呈现明显正相关性，具体表现为：

（1）区域间差异。经济较为落后的区域，需要更多的政策引导和资金扶持，促进落后区域公共体育服务配置均等化。

（2）城乡差异。城乡固有的二元化管理机制，导致农村公共体育服务不仅在理论上缺乏战略规划研究，在实践中更面临体育经费不足、设施破败、组织不全、服务落后、制度不全等诸多困境。因此，要落实推进乡村振兴战略和新型城镇化规划双轨驱动，统一规范市场服务标准，提高政府职能效率，丰富人民群众体育服务内容，加强服务督察评估等工作措施。同时，积极促进城乡一体化发展，实施多元化管理机制，推进城乡全覆盖的公共体育服务体系进程。

（3）区域内部差异。研究范围从省域到市域规模，经济发达且群众体育需求多样，可采取实施多元化服务、落实政策法规、鼓励组织拓展个性化服务等有效对策。省域公共体育服务发展存在地区、城乡以及人群之间差距较大，可采取政府职能转型、拓宽财政投入、实施多元化管理、加大体育信息宣传和规范评估指标等对策，进而改善省域公共体育服务空间资源分配的不平衡现状。对于市域存在的服务模式单一、供需矛盾和发展不平衡等问题，可采取加大资金、人才和政策投入，规范政策落实，统一评估体系标准等实施办法来完善公共体育服务体系。

六、河北省农村公共体育服务体系构建的重点

河北省农村公共体育服务体系要注意三个重要的方面：一是体育场地设施，这个是体育活动的基础条件，只有建设好这些硬件设施，才能更好地组织开展体育活动，吸引群众积极地参与体育活动。二是体育活动组织，需要针对体育指导专门设立体育指导部门，培养指导员，推进全民运动的体系建设，建设国民素质检测系统。三是体育活动，政府或是各级乡镇居委会以及企业党组织，都应该积极开展体育活动，丰富群众的生活。

（一）组织管理

农村体育的组织管理是公共体育服务开展的保障和前提，有效的组织管理可以为农村地区的服务的顺利运行保驾护航，所以，应该科学地建设管理系统，制定规章制度，明确管理任务，规范人员工作，合理使用资源，兼顾效率和质量，配合各个政府部门的工作，共同维护服务体系的顺利运转，使村民享受到高质量的公共体育服务。

（二）场地设施

场地设施是公共体育服务的基础条件，没有这些硬件设施，体育运动就是纸上谈兵。场地设施建设可以分公益性和营利性的，公益性的就是由政府统一支持建设，没有营利目的，村民可以自由免费使用，维护和管理也是由村委会来负责，营利性的一般是由政府批准，社会组织或是个人建设的场地设施，其具有营利性，村民使用是需要支付费用的。政府应该借助社会各界的力量加强农村基础设施的建设，这是公共体育服务体系的基础要求，也是新农村建设的基本要求。

（三）健身指导

体育健身指导是规范农村居民体育健身技能、宣传体育健身科学方法的必要内容，是村民进行有效锻炼的保障。其在开展体育活动、指导体育技能、提高健身效果、宣传健身知识以及引导村民积极进行体育消费方面有着不可替代的重要作用。在农村，由于信息的比较封闭，体育宣传基本难以覆盖到，加上没有什么专业的体育指导性人才的帮助，村民的健身理念、运动技能几乎没有多少，更不用说科学的锻炼方法和手段。因此，科学的健身方法是公共体育服务中必不可少重要部分。

河北省针对体育健身指导方面专门培养了社会体育指导员。河北省的社会指导员工作主要由河北省体育局群体处和河北省社会体育指导员协会负责，按照相关规定，河北省体育局群体处和河北省社会体育指导员协会主要负责管理国家级指导员以及一级指导员，各市体育局群体处和市级协会主要负责管理二级指导员，区（县）级体育部门和协会负责管理三级指导员，目前，河北省各级社会体育指导员已经实现在河北政务服务网线上办理。

2018年，河北省共计培养社会体育指导员5000余人。2019年，加快市级社会体育指导员协会建设，鼓励各县（市、区）成立社会体育指导员协会，促进三级社会体育指导员的培养，力争实现每1500名农村居民和每800名城镇居民最少可以享受1名社会体育指导员的服务。培养各级公益类社会体育指导员5000人以上，职业社会体育指导员1000人以上，全省新增健身站点5000个，92%以上健身站点配有社会体育指导员。全省县（市、区）体育总会、老年人体协、社会体育指导员协会达到95%以上，85%以上的县（市、区）建有农民体协，75%的城市街道、农村乡镇建有体育组织。同时为了冰雪运动的推广普及，河北省从2016年开始实施冰雪运动社会体育指导员培训计划，2016年共培训300余名冰雪运动社会体育指导员。2017年，继续加快冰雪运动社会体育指导员的培训，省体育局计划每年培训3000名，到2022年共预计培训15000名冰雪运动社会体育指导员。定州市现有体育指导员2000余人，其工作范围很难延伸到农村。

河北省社会体育指导员的培训计划中已经明确指明了城乡间在可以享受的社会体育指导员资源的差距。同时，政府也已经意识到了城乡不公平的现象，所以2018年省体育局明确指出当年会继续培训5000名社会体育指导员，新增社会体育指导员向二、三级倾斜，特别是向农村地区倾斜，优化社会体育指导员结构，为农民提供科学便捷的公共体育服务。

其中唐山市体育局在社会体育指导员的培养上，经常性组织社会体育指导员技能交流大赛和培训班，关注太极拳、健身气功等河北特色运动项目。保定市社会体育指导员协会于2015年成立，到2015年，保定市所有县（市、区）建立全民健身指导协调委员会，80%的乡村、街道和社区建立全民健身指导小组。保定市大力发展社会体育指导员队伍，发展国家级40名、一级150名、二级1300名、三级3500名，使社会体育指导员数量达到7710名。此外，基层全民健身站点数达到3900个。同时，保定市积极组织社会体育指导员培训，提高社会体育指导员水平和能力。其中，培训发展各级农村社会体育指导员2000多名。由此可见，保定市正在大力发展和培训农村社会体育指导员，但城乡间仍然存在一定差距。

保定市体育局把社会体育指导员彩色周末发展为系统性活动，但同时，彩色周末开展地点多为市区。

（四）健身信息

公共体育服务的对象是人，目的就是提高运动健身者的身心健康，促进他们的全面发展，只有更多的人参与到体育健身锻炼中来，才能实现农村体育事业的可持续发展。体育运动的效果和人的参与状态有很大的关系。但是当前政府部门对于农村体育的重视程度还不够，村民对体育运动的价值的认同不算高，没有自主参与体育活动的热情和兴趣，尤其是一些年轻的村民，体育锻炼的热情很低，参与度也明显不足。同时，由于部分领导干部思想意识的松懈，使得农村的公共体育服务供给乏力，信息不畅。因此需要加强体育信息服务，积极宣传体育知识，建设宣传平台，提高村民的运动健身意识。

七、河北省农村公共体育服务体系的构建路径

（一）完善决策机制

基于建构理论主义分析，在推进河北省农村公共体育服务建设时，过于单一的自上而下或自下而上的决策模式均存在显著的弊端，不利于农村公共体育服务决策工作的有效落实。因此，在实践过程中应将农村公共体育服务决策的自上而下和自下而上模式进行有机结合，从整体上提高农村体育服务的质量和水平。现阶段农村公共体育服务决策在建设过程中，应侧重于自下而上决策机制的建设方面，具体可从四个方面着手。

1. 提高农村体育服务条件

在实施过程中应严格遵循因地制宜、由浅入深原则，要在尊重农民群众的个性化体育实际需求的情况下，有目的有针对性地去为广大农民群众提供体育软硬件设施服务，并做好农村公共体育服务供需的对接工作，最大限度地去提高农村公共体育服务的工作效率与质量，以体制协调等多元化的方式去对农村公共体育服务体系进行构建。

2. 研究人员提供计策指导

相关体育学者和专家可充分利用现场访谈、实地考察、调查问卷等手段，实时了解与掌握农村不同群体的体育活动参与动态，基于整体角度把控基本体育服务的发展情况，并及时反思与总结目前农村体育服务建设过程中存在的实质性问

题，从老年人、中年人、青少年以及儿童等不同年龄段的农民群体层面着手，深入发掘、探索基本体育服务建设的新思路和新方法，进而为政府部门提供实现农村公共体育服务深化改革目标的可靠理论依据。

3. 促进农民民主表达机制的建立

在强化农村基层民主建设的战略目标指导下，以农村组织机构会议、村民代表会议为基础，共同解决当前农村体育服务建设中存在的各种实际问题，真正站在农民群体的角度思考未来发展方向与定位，同时认真倾听农民的基本诉求和反馈意见，并将其作为基本的评判依据，构建出契合农民实际需求的民主机制，真正将社会各方力量融合到农村不同群体体育服务的建设工作中。与此同时，当地政府还应重点关注听审制度、资讯审核制度以及体育行政信息承诺制度的完善与落实，从而为广大农民群体的合法体育权益提供制度层面的保障。

4. 提升农民体育维权意识

政府部门应积极将传统与现代传播载体进行有机结合，不断宣传与弘扬公共体育服务的政策理念和相关体育项目的实施意义，定期组织农民群体参与体育健身知识相关的教育培训活动，促使农村不同年龄群体充分认识到自身享有的体育权利和义务，以此在各项体育实践活动中有效维护自身合法权益。

（二）改变体育管理体制

想要更好地推进河北省农村公共体育服务体系建设，就要从转变体育管理体制的角度出发。任何一个事物的发展都离不开科学高效的管理体制。目前，河北省农村在公共体育服务项目上需要解决的问题是要建立健全专项财政制度，以发展公共体育事业，还要关注公共体育事业在服务机制中的科学管理措施，没有很好的管理措施，前期的建设工作将会被荒废掉。同时更要注重创新公共体育事业的战略决策，在正确的战略实施纲要指导下为农村居民带来更加便利的健身环境，创造更好的健身条件。

（三）选用不同体育组织

在推进和发展河北省农村公共体育服务事业的过程中，地方政府的相关部门应该积极开展非营利性体育组织和营利性体育组织的有效配比工作，让公共体育事业发展在立足于社会公益的同时，也能通过营利性体育组织激活河北省农村的体育市场的经济氛围。同时，在政府的倡导下开展志愿服务，由个人或组织向社会提供公共体育服务工作。

（四）加强城乡协同发展

推动城乡公共体育服务协同发展的最根本目的在于缩短城乡公共体育服务水平之间的差距，旨在充分利用现有资源建立完善的城乡公共体育资源共享机制，为农民群体与市民群体提供同等效应的公共体育服务。在具体的实践过程中可从两个方面着手。

1. 提高公共财政保障力度

政府部门应充分考虑当地资金拨款现状，有针对性地提供公共财政资金支持，并结合当地经济增长情况构建系统的政府财政支出机制，真正贯彻落实中央与省级政府发布的农村公共体育服务建设要求。与此同时，还应建立系统的支付转移制度，进一步推动省直管县、镇财政以及村级财政管理机制实现深化改革目标，最大限度地加强基层政府保障农村公共体育服务的财政能力。还要不断强化财政监管队伍建设，要求各监管主体负责人员明确自身职责与义务，通过建立完善的公共财政监督与审查制度，真正将农村公共体育服务资金落实到具体工作环节。

2. 构建城乡公共体育服务等效化

从整体角度出发，应将城乡公共体育服务等效化纳入我国经济增长、社会未来发展建设的总体规划与城乡规划范畴中，严格按照城乡常住人口和城镇发展趋势的变化情况，有针对性地合理安排城乡公共体育基础设施建设、高素质人才队伍建设、可供调配的体育资金等，以此实现城乡公共体育服务资源合理配置目标。在加强城镇体育基础设施建设时，还应将重心转移到扶持农村公共体育发展方面，最大限度地优化与完善农村体育硬件设施与软件服务，进一步推动城市公共体育资源朝着农村发展方向倾斜，真正意义上实现农村与城市之间体育资源共享的目标。

（五）完善体育服务的法律制度

公共体育服务设施越来越受到人民大众的喜爱，并逐渐成为群众生活中的一部分，想要顺利开展公共体育事业，更好地做好公共服务，完善法律制度是当下最为重要的事情。因此，无论是政府、市场环境、体育个人或是其他的社会组织都需要在自己的能力范围内做好自我规范，更快速和顺利地推进法治建设，完善法治体系，促进规范有序的多主体供给农村公共服务秩序的形成。

（六）构建全民健身信息服务平台

开展全民健身信息服务平台应该充分利用互联网技术手段，将信息服务平台做成短视频的可视画面，甚至可以采用 AI 智能技术在线实时问答，以更加方便、快捷的服务态度和理念为满足广大人民群众的健身需求提供更好的咨询服务。建立全民健身信息服务平台的初衷让广大热爱健身并且参与全民健身计划的人民大众能够有更加便捷的信息服务平台可以获得体育信息内容，同时对于有需求的商家可以在平台中发放广告来提升传统体育锻炼商铺的客流量。但是，目前河北省农村地区经济水平存在极大的差异，当地政府可以根据当地的经济水平适当地构建信息服务平台。

（七）促进农村公共体育服务形式多元化

创设多元化的农村公共体育服务形式，是促进农村公共体育发展的最佳方式，在创设的过程中具体可从两个方面着手。

1. 向公共体育服务市场化发展

一方面，积极探索将农村公共体育服务市场化与公益化进行有机结合的实效性策略，适当放宽社会市场投资公共体育服务的标准，形成系统的公正公开市场准入机制，通过拓展特许经营、合同外包、内部市场化等多种多样的发展形式建构农村公共体育服务体系，从而有效实现市场力量融合农村公共体育服务的战略目标。另一方面，还应积极借鉴与学习国外发达国家私人企业提供农村公共体育服务的成功经验，并在此基础上推进市场服务农村公共体育模式构建工作的落实。

2. 充分发挥体育社会组织作用

首先，结合农村公共体育服务建设的实际发展情况，有针对性地制定、下发鼓励社会组织参与农村公共体育建设的实施细则和纲领文件，尽可能建设系统的农村体育类民办非营利组织队伍。其次，基于整体角度，还应不断优化与完善社会体育组织的自治能力，最大限度地提高各级社会组织机构的专业服务水平。最后，逐步加强政府对社会民间组织提供的农村公共体育服务的购买力度，以此充分发挥各级体育组织的最大化作用。

第二节　河北省农村公共体育服务设施体系构建

农村体育一直受到党和国家的高度重视，特别是乡村振兴战略实施以来，我国农村体育事业有了较大的发展。公共体育设施是发展体育事业的重要载体，是提供农村公共体育服务的重要保障。随着农村现代化建设和公共体育事业建设步伐的加快，越来越多的农村居民进行日常身体锻炼的需求进一步得到满足。

农村公共体育设施的资源配置与服务是农村体育发展的重要组成部分，公共体育设施建设是开展全民健身的必由之路，如何满足农村居民体育健身需求已成为公共体育设施规划的重要课题。为了更好贯彻"乡村振兴"的发展要求，科学规划与建设新型农村体育场地设施，应根据河北省农村地区的公共体育服务设施的实际建设情况建立一套完整的公共体育服务设施体系。

一、公共服务设施

公共服务设施是公共服务供给的载体。中华人民共和国住房和城乡建设部颁布的《城市公共服务设施规划标准》（GB50442—2018）中城市公共服务设施被具体分类为公共文化设施、教育设施（不含大学）、医疗卫生设施、公共体育设施、社会福利设施；政府部门和有关职能单位是公共设施的主要供给主体，企业、事业单位、社会团体等社会组织和个人参与公共服务设施的配置；公益性是公共服务设施的主要和重要属性，设施向社会公众开放并主要用于公共活动。国外学者在公共设施规划研究中将公共服务设施定义为由政府部门直接或间接提供，供全体国民使用的服务或设施，一般包括教育、医疗、文体、商业、市政等社会性基础设施。国内学者在进行公共服务设施相关研究时通常认为公共服务设施是向群众提供公共服务或公共产品的设施，其主要属性为公共性和服务性；公共服务设施主要包括行政、教育、文化、体育、社会福利、医疗卫生等领域的为社会经济发展服务的、与居住人口规模相适应的、维持居民生活正常运转的、满足居民基本需求的设施。

二、公共体育设施

（一）概念

公共体育设施作为公共服务设施的下位概念，是公共服务设施中的一类，重点强调的是其作为公共体育服务供给载体的属性。1986年城乡建设环保部与国家体委联合颁布的《城市公共体育运动设施用地定额指标暂行规定》中首次在我国提出公共体育设施这一概念，文件中指出公共体育设施是"向公众开放、供广大群众进行体育锻炼或观赏运动竞技以及业余运动员训练的体育设施"。国家质量监督检验总局和国家标准化管理委员会发布的《公共体育设施室外健身设施的配置与管理》（GB/T34290-2017）中公共体育设施指"由各级政府或其他社会组织提供的，向公众开放用于开展体育活动的体育场（馆）、场地、器材和设备"。

结合各类公共设施和公共体育设施配置管理政府文件、标准、规定等官方文本及关于公共体育设施的研究中对公共体育设施的内涵阐释，可将公共体育设施界定为政府为主要参与建设主体，社会力量辅助参与建设的，向公众开放的，满足全民健身需求和公众参与体育活动需求的场所设施。

（二）特征

公共体育设施即公共体育服务转化为公共产品的供给形式，具有使用上的非竞争性和受益上的非排他性。目前，一般认为公共体育设施是由政府或者社会力量投资兴建并向社会开放的，满足广大群众进行体育锻炼或观赏体育竞技需求，以及作为业余运动员训练的体育活动场所、设备和配套服务设施，其基本特征包括如下几个方面。

1. 公平性

公共体育服务以人民为中心，通过资源的公平分配，确保城乡居民的主体地位和每个人都享受基本体育服务，发挥为民建设、为民服务的功能。"保基本、全覆盖"已成为当前构建公共体育服务体系的重要课题。

2. 福利性

公共福利是指公共利益，它确保公众享受基本的体育服务，而不是完全的福利。政府提供的公共体育服务一般是免费或低收费，即便是象征性收取或减免收取一定费用，其公共福利的性质依然存在。

3. 动态完善性

公共体育设施是公共体育服务能力的反映。体育设施建设不可能也没必要涵盖全国"七普"的116种场地类型，公共体育设施的场地类型可结合地区差异以及城市发展阶段，采取"量身定制"或"改造提升"等方式进行动态完善。

（三）配置标准

1. 国家级配置标准

公共体育设施的规划与建设作为公共体育服务供给的重要环节，其充足的配置条件与合理的空间布局是公共体育服务体系正常运行的有力保障，为此政府必须充分发挥职能进行公共体育设施建设的引导与调控。国家和地方政府编制的公共体育设施相关标准与规范是引导与调控公共体育设施建设的主要技术手段，也是旧城改造和新城建设中公共体育设施配置与规划的依据。目前，涉及公共体育设施的相关标准与规范按照地域范围划分主要分为国家标准和地方标准两类，其中国家标准也可分为城市规划常用标准规范和体育设施相关标准规范两类。

从现行相关标准与规范可以看出，目前我国公共体育设施规划配置标准主要分为指导规划配置和指导建设实施两类，其中指导规划配置类主要是提出体育用地指标的控制要求，如《城市公共设施规划规范》（GB50442-2008）《城市居住区规划设计标准》（GB50180-2018）和《城市公共体育运动设施用地定额指标暂行规定》[（86）体计基字559号]中对公共体育设施配置建设提出的指标；指导建设实施类标准主要是提出体育设施类型与建设标准，如《城市社区多功能公共运动场配置要求》（GB/T34419-2017）等专门性的体育设施标准规范。

2. 省市级配置标准

由于国家层面关于公共体育设施规划建设的标准规范不能充分满足各省（自治区、直辖市）实际建设时的参考需要，大部分省（自治区、直辖市）、市、区（县）地方政府逐级颁布了适应地方需求的公共体育设施配置标准等规范类文件。

（四）相关指标体系的适应条件

公共体育设施相关指标体系的适用条件主要分为以下三种情况：按照地域范围划分可分为适用于全国、适用于省级、适用于市级、适用于区县级四种情况；按照规定对象划分可分为整体公共体育设施、某类公共体育设施（如室外体育设施、场馆类体育设施等）、专门性单项公共体育设施（如游泳馆、足球场等）三种情况；按照职能范围划分可分为老城区、居住区、城市新区等不同的城市功能区。

三、河北省农村公共体育服务设施的建设情况

场地设施下设两个指标，每千人拥有的公共体育场地面积和每千人拥有的公共体育活动设施数量，场地面积权重低于活动设施，二者都是开展体育活动必不可少的客观条件。场地设施的建设是公共体育服务体系中最基本的单元，体育活动的组织以及健身知识的宣传都不离开场地设施的支持。

2019年末全省常住总人口7591.97万人。从城乡结构看，城镇常住人口4374.49万人，比上年末增加110.47万人；乡村常住人口3217.48万人，减少74.80万人；城镇常住人口占常住总人口比重（常住人口城镇化率）为57.6%。

河北省2018年国民经济和社会发展统计公报显示，文化、体育和娱乐业固定资产投资较上年同期增长11.9%。河北省第三次全国农业普查显示，2016年末，91.09%的乡镇有图书馆、文化站，7.12%的乡镇有剧场、影剧院，7.89%的乡镇有体育场馆，72.75%的乡镇有公园及休闲健身广场。62.13%的村有体育健身场所，

2006—2016十年间，有体育健身场所的村比重由14.35%上升至62.13%，有农村业余文化的村比重由24.43%上升至46.45%，截至2016年，有超过六成的村有体育健身场所。

2017年，河北省选择石家庄市、张家口崇礼区和廊坊市固安县一市一区一县，进行了全省首批全民健身公共服务体系示范区创建试点，以高标准推进体育场地设施建设，在市区完善全民健身中心和各类公共场馆，免费发放健身公开课体验券，打造全民健身品牌和系列赛事，鼓励各类体育协会开展工作，在示范区部分农村室内设跑步机、动感单车等健身器材，室外设羽毛球场、乒乓球台等场地。试点的建立是河北省全民健身公共服务体系不断完善的良好开端，也说明了政府对公共体育服务的关注和重视。同时，试点各级政府攻克的重点不同，二者不能在同一水平线考量，就恰恰表明城乡间的公共体育服务存在着巨大的差距，补足差距需要更长的时间。

四、河北省农村公共体育设施配置的注意事项

（一）处理好不同部门颁布的公共体育设施规范与指标之间的协调问题

政府在配置公共体育设施的过程中，必然会涉及不同层级、不同部门之间的责任划分问题，而公共体育设施的建设也是由建设部门、体育部门、发展规划部门、教育部门等不同政府部门协调共同完成的，但各部门在进行公共体育设施规划时的视角不同、参考依据不同、发展方向的不同，势必导致各部门制定的公共体育设施指标间的不协调。在具体的公共体育设施建设实践中，建设者们的建设参考目标模糊不清，指标选择方向过多，会造成实际操作中的困难，应当注意协调好各部门、各层级之间的公共体育设施配置标准。

（二）处理好现行规划指标之间的统计口径的匹配问题

公共体育设施规划指标之间的设施分类、设施属性等划分存在差异，特别是不同层级政府部门制定的规划指标之间存在此方面的差异。地方政府根据地区发展特性、地区规模制定相应的规划指标，但部分指标在分类分级、设施配置规定等方面都与国家指标有较大差异，往往会造成地方指标与国家指标的脱节，自成体系，缺乏权威性。地方政府在进行公共体育设施配置规划与实践过程中，必须在充分尊重国家标准的前提下进行具有地方特色的设施配置规划与实践，无论是地方公共体育设施配置标准还是配置实践都应在符合国家标准的前提下进行。

（三）处理好对公共体育设施发展新趋势的应对问题

以往针对公共体育设施，特别是大型公共体育设施的建设规范与指标，主要基于赛事举办的需要，以达到办赛规模为目标进行制定。在居民参与体育锻炼热情日益高涨，人均体育消费逐年增高的大环境下，公共体育设施的配置在满足举办赛事的基础上，还要充分考虑居民参与体育活动的需求，公共体育设施配置时必须充分考虑设施选址、布局、功能、承载能力等方面能否适应当前形势及未来群众对公共体育设施的需求。

五、河北省农村公共体育设施体系构建中存在的问题

（一）政府责任缺失

（1）政府价值取向上的非农偏好；（2）政府行为上的不合理；（3）官员行为上的自利和任期短期化，将视角投入影响其仕途的政绩工程，根本不重视农村的体育活动；（4）政府决策机制的自上而下。这种供给机制由于过分强调政治方式解决经济问题，容易产生官僚主义，违反经济规律，忽视农民的意愿，使供给的经济效率不高。

（二）设施供需矛盾突出

地方政府根据国家有关规定，按要求配套建设公共体育设施，建设资金由政府专项拨款。但大部分由政府出资兴建的公共体育设施都是建在校园内，而在农村附近却没有足够的设施供人们使用。对于有较大运动需求的中老年人来说，这些设施的数量根本不能满足他们的需要。因此，政府部门应改变投资策略和思路，科学、合理地规划体育设施的布局，不断改进各类设施设备，逐步满足农村居民体育锻炼的需要。

（三）社会体育指导不完善

从调查情况看出，村民对于社会体育指导员的认知度不高，大多乡村社会体育指导员对乡村居民的体育健身指导不完善，且内容和形式单一，指导乡村居民开展健身活动的时间不稳定；同时，仅有较少数社会体育指导员对村民参与体育活动能够提出一定实质性建议和对策。

（四）设施管理维护不到位

目前，一部分由政府投资建设的公共体育场馆在管理和维护上都存在诸多问

题，许多场馆由于长期失修，造成设备严重损坏。有一些地区，设备即使出了故障也没人主动上报求助，即使上报解决问题的速度也会很慢，缺乏维护意识。造成这些问题的主要原因是有关部门管理不力，未安排专业人员对设备进行定期检查和维修，致使设备长期处于运行状态，暴露在日常环境中，易发生故障，并存在安全隐患。

农村体育场地设施作为准公共产品，供给的失衡主要表现在重数量、轻质量，重视新建，供给的意愿不强烈。设施管理维护受预算的不完整性和行政体制改革的滞后等问题的困扰，而对于农村公共体育资源的使用过程，往往缺乏有效的监督机制。

（五）设施供给主体单一低效

目前，乡村体育场地设施的供给主体是政府。但政府作为主体承担乡村体育场地设施的供给，越来越丧失主渠道的作用。另外，河北省各级政府在乡村体育场地设施供给过程中存在供给责任不清，供给主体错位，基层政府事权和财权的不统一等问题。

（六）设施供给不符合乡村居民的健身需求

在乡村体育场地设施供给过程中，农民健身需求表达机制的缺失，忽视了农民的需求选择所进行的自上而下的外部决策，是导致当前乡村体育场地设施供求关系失衡的首要因素。村委会领导人员难以准确表达村民的意愿，以及部分干部考核的"政绩工程"追求是影响乡村体育场地设施供给的次要因素。

六、公共体育设施创新发展建议

（一）设施财政方面

1. 科学完善公共财政制度

科学完善的公共财政制度可以保证公共体育设施配置更加合理、服务更加有效，是各项工作有序开展的重要保证。只有逐步优化公共支出结构，才能保证公共体育设施配置更加科学、服务更加有效，保证农村资金充足、权利向基层开放，使相关人员有更大的工作热情，更积极地参与各项工作。同时，要科学地引入公共体育设施的责任、权利、合作机制和竞争机制，合理优化供给主体结构格局，保障政府主导地位。

2.建立多渠道资金筹措机制

全民健身事业的发展需要资金的支持，充足的资金是完成公共体育设施建设的前提条件。为了保障公共体育设施供给，必须实现资金供给主体的多元化。一是政府主导，通过建设追责机制，保障政府在公共体育设施建设中的主导地位；二是提高彩票公益金、专项建设金的投入；三是鼓励社会捐赠。

（二）农村居民方面

1.提高村民健身意识

在乡村逐步往城市化过渡发展的进程中，乡村人民尽管生活水平有所提高，生活质量得到改善，但健身意识健身观念淡薄。随着美丽乡村建设的深入推进，国家全民健身计划的提出，政府应当加强对过渡型农村居民的健身观念宣传，逐渐培养村民良好的健身意识，自觉加强体育运动与锻炼。在传播健身观念过程中，各政府单位、街道社区可组织相关部门人员制作和分享公共体育设施使用与健身方法等方面的视频，并在各村落地区大屏播放。

2.建立村民使用体育设施的信息库

针对公共体育设施被闲置等情况，相关政府部门及各行政村可采用积分制奖励措施。通过建立乡村居民信息库，对每一位乡村居民实施实时监测与积分制度，记录居民的公共体育设施使用时间，并在月底或年终进行评选，选出"健身达人""运动狂人"，并给予奖金、奖品、证书等相关形式的鼓励与支持。此外，积分制可以长期累积，长年累月，从积分制到星级制，通过上述奖励措施逐步在乡村人民的意识中印下重视体育运动的观念，以此达到增强乡村人民健身意识与观念的目的。

（三）政府机制方面

1.强化协调机制建设

国家建设公共体育设施旨在提高人们的身体素质，丰富人们的休闲生活，促进全民健身。但体育设施的管理、资源配置等方面还有一些问题亟待解决。此外，政府对设施的需求、人民对设施的需求、地区间经济发展存在差距等都是影响设施建设的重要因素。目前，地方政府应抓住一切发展机遇，提高公共体育设施的服务水平，推进体育设施标准化建设，合理规划和建立有效的管理协调机制，有效地促进我国公共体育设施建设的发展，解决目前政府各部门在公共体育设施建设中遇到的各种问题，缩小城乡差距，促进城乡一体化进程。

2. 科学构建组织机构

地方政府须针对公共体育设施实施科学的长效管理，要合理地设置专门的机构，明确相关人员的具体职责，对其进行量化考核，科学地制订行动计划，保证管理的质量。在这一过程中，相关部门要保证工作人员有较高的专业素质，想干事、敢创新、善协作、懂技术、会管理，同时可落实定点、定时、定人、划片包干等措施。

农村是实施全民健身计划的基本单位，是"健康中国2030"战略的重要组成部分。人人都想在自家门口进行健身锻炼，政府部门应该加强对农村公共体育设施的建设和服务，多渠道引入资金，修建满足农村居民需求的公共体育设施，形成15分钟健身圈，使得居民的健身活动多元化。同时，政府应为每个行政村配备一定数量的专业人员，专业人员要对"体育塑造健康生活"这一理念进行宣传，对体育知识进行讲解，对居民健身活动进行指导，引导居民进行体育锻炼，增强身体素质，提升居民体质和健康生活水平。

（四）设施管理方面

1. 设施维护要科学有效

相关部门要有效地结合分段维修、预防性维修和组织抢修等方法，确保公共体育设施随时投入使用。相关人员要根据设备使用时间，科学地制订预防性维修周期和维修计划，并定期巡视，及时发现异常，并及时反馈。相关部门要组建专业维修队伍，提高维修人员专业素质，完善维修管理网络，明确各级维修人员的具体工作职责，定期组织维修人员进行技术培训，保证维修人员熟练掌握各项技术指标，正确判断、及时排除设备故障。

随着全民健身计划的实施，越来越多的人参与到体育锻炼中，公共体育设施的使用频次就会增多，磨损程度也会增大，对这些设施进行定期维护就成为一项常规工作。管理人员在对公共体育设施进行维护的同时，还应该加大宣传力度，提高人们锻炼的安全意识，此外还应该加强对这些设施使用方法的介绍，以便达到保护设施的目的，这样在一定程度上可以增加公共体育设施的安全性和使用年限。

2. 建立体育设施看管制度

为了更好地维护公共体育设施，保证其安全性、可使用性，及时更新维护整修，以及解决公共体育设施被占用、被损坏等问题，各行政村村委会可招募征选公共体育设施维护看管员，或者建立公共体育设施维护志愿者小分队，以值班轮班、定点巡逻检查等形式展开对上述情况的监管。此任务责任具体到人，具体到指定的公共体育设施地点，确保看管人员能够及时发现设施损坏、被误用占用等情况，及时上报相关部门进行维修更新，制止乡村居民的错误使用方法，从而达到物尽其用，人尽其力的效果。

3. 科学规划设施种类数量

科学规划公共体育设施的种类和数量。在条件允许的情况下，进行民意调研，从实际健身需求出发，自下而上申报，建设实用性强、利用率高的公共体育设施。同时还应该注重公共体育设施周边环境建设。

（五）设施公开方面

1. 加大公共体育设施开放力度

公共体育设施须向社会全面开放。相关部门要合理划分健身场地，将健身场地划分为慢步健身区、舞蹈健身区、球类健身区和器材健身区等几个区域，以保证相关群众能各尽所能，各取所需，同时也能有效地避免不同人群争抢场地。政府也要制定相关政策，规定机关、学校和建设有公共体育设施的单位定期向群众开放，使群众对公共体育设施的需求得到更大的满足，保证错时开放，采取假期开放、晚上放学或下班后开放等措施，采取综合开放策略。同时室内体育设施有偿服务收费项目实行政府统一定价，对残疾人、老年人、学生等，一些收费服务项目可以免费提供，也可由政府补助，对这些群体给予一定的优惠。

地方政府在日常工作中可定期组织公益性机构对群众进行体质测试，评估群众日常参与体育锻炼的情况，为群众提供体质信息，指导群众开展健身活动，确保群众能科学健身，有效地提高群众的体育素质。此外，相关部门还要定期调查设施开放情况，并设立专项经费，给予一些运维费用较高、群众又迫切需求的公共体育设施一定的补助。

2. 充分利用闲置体育设施资源

公共体育设施的主要特征是"公共性"。相对于公共体育设施，我国存在的体育设施更多是"单位体育设施"。但是，这些体育设施通常在满足特定人群体育锻炼需求外，在一些时间段是闲置的，这在一定程度上造成了公共体育设施资源的浪费，限制了公共资源效益的发挥。因此，企事业单位、行政机关和教育系统中的体育设施存量资源，在满足本单位和系统需求的情况下，限时对社会大众开放，能够增加公共体育设施的供给。

(六)设施指导方面

充分发挥社会体育指导员的作用,调动社会体育指导员的工作积极性,实现乡村人民与社会体育指导员的"零"距离接触。在调查采访中发现,乡村人民对社会体育指导员的认知度不高,因此,相关部门要加强对社会体育指导员的管理,将社会体育指导员工作重心下沉农村基层第一线,具体到村。社会体育指导员应多下乡,多接触村民,多为乡村人民提供科学健身方法,而非待在固定办公场所等待村民咨询。

第三节 河北省农村公共体育服务组织体系构建

一、政府

(一)政府的主要责任

计划经济体制下,体育系统是我国政府行使体育管理职能的唯一系统,这个系统不仅自成体系、相对封闭,而且与系统外环境交流较少。在当时的历史条件下,由于竞技体育得到国家的政策倾斜,体育系统在很长一段时间内发展较为稳定。但是,财政拨款大多被用于发展竞技体育,群众体育没有得到应有的重视,因为竞技体育的业绩容易衡量,而群众体育的成效难以测度,因而我国的体育事业在结构上长期处于失衡状态。政府公共体育服务的供给内容简单、方式单一,与社会需求相比差距较大。建立市场经济体制以来,这一系统的外环境发生了翻天覆地的变化,原先的政策优惠难以为继,系统的稳定性受到了很大的影响。受原有体制路径依赖效应的影响,当下政府体育管理职能总体上变化不大。

我国的政府体育管理职能主要由体育系统承担,尽管机构形式在县级层面有所不同,但管理职能较为相似。人类理性的有限性、信息不完全使得作为起源于一系列有形或无形契约签订的政府,是一个有限理性人契约的结合,制度的建构是不完全的。虽然在理性能力和信息完全程度上政府占有较大的优势,但仍然囿于有限理性的宿命之内。在这个意义上,政府应当是有限的,其职能也应当是有限的,无所不包的政府职能注定是要失效的。有限政府必须处理好政府与市场、社会的关系,这就需要由全能政府向有限的公共服务型政府转变。从政府机构本身的构成来说,由于公务员制度以及人员编制的限制,其人力资源本身是有限的。

从财政投入的角度来看，即使体育管理部门能够准确把握公共体育需求，科学制定区域体育发展规划，但还是要受到地方财政投入的约束。因此，面对复杂的公共体育服务供给问题，单纯依靠政府部门本身解决是不太现实的。

（二）河北省关于公共体育服务相关机构的设置情况

河北省体育局作为政府直属机构，下设办公室、群众体育处、竞技体育处、计划财务处、人事处、法规产业处、机关党委、老干部处、纪检（监察）室等。全民健身计划的开展以及农村公共体育服务问题主要由群众体育处负责。群众体育处要负责实施全民健身计划，参与"健身路径""健身苑""农民健身工程"及所有健身工程器材招标并负责其建设施工，负责"全民健身活动中心"、"雪炭工程"的选址、申报以及"雪炭工程"的建设督导；组织一级社会体育指导员的培训和审批；牵头负责体育三下乡、体育健身器材捐赠等工作。

以保定市为例，保定市设立市体育局承担着统筹规划全市群众体育发展的职责，设立群众体育处，贯彻落实全民健身计划，推行全民健身实施计划；建立和完善全民健身公共服务体系；指导国家体育锻炼标准实施；指导群众体育组织建设、健身场地设施建设，指导和开展全市群众性体育活动，负责推行社会体育指导员和国民体质监测制度。

在县一级，以定州市为例，定州市设立文化广电和旅游局，负责统筹规划全市群众体育发展，推行全民健身计划，推动国民体质监测，指导公共体育设施建设，负责公共体育设施的监督管理工作。留早镇成立了公共文化体育领域政务公开工作领导小组，由镇长任组长。在行政村一级，公共体育服务的开展主要由村委会负责，各村委会成员之间分工不明确。其中，在县一级各县之间机构设置可能略有不同，如望都县设教育和体育局分管公共体育服务工作，尽管设置略有不同，但职能相当。

由于机构设置统一按照国家行政规划进行，所以城乡之间以及农村内部区别不大，具体差别主要体现在负责领导的工作能力和服务意识上，这就涉及人力资源指标。

二、市场

（一）市场的角色定位

市场是指在商品生产和交换领域扮演重要角色，以追求经济效益为主要目标的组织类型，其主要的表现形式是企业组织。由于企业组织以追求经济效益为主导，所以在实践运行领域，公共体育服务的公益导向一定程度上与企业的目标造成一定偏差。但在现实生活中，企业参与公共服务供给确实存在并逐渐发展。按照组织分工理论，市场在公共体育服务中主要扮演以下四种角色："提供者—生产者""生产者—被采购者""生产者—合作者""购买者—提供者"

（二）市场与政府的关系

长期以来，人们致力于推崇市场的优越性，赞扬市场追求效率、提供竞争，以及市场在质量和价格方面给予顾客充分的选择性。对于政府的批评则来自其相对于市场的比较。比如，因为缺乏竞争，有的政府行政人员不思进取，懒散怠工，没有动力改革创新、控制成本或有效提供服务；而市场竞争下的私人部门一直保持精兵强将、高效运转的状态。因此，新自由主义者提出了用企业家精神"重塑政府"的概念。换言之，就是将政府视为企业机构，将民众视为顾客，将行政人员视为企业员工，以市场竞争的手段进行社会管理，努力降低成本费用，快速回应不断变化的社会需求，努力让顾客即民众满意。持有这种观点的学者认为，实现政府的重塑，需要通过促进服务供应商之间的竞争，赋予公民选择的权利，并为政府人员建立必要的激励机制，借鉴企业管理中"顾客就是上帝"的理念来进行政府的社会治理。

还有一种典型的论调更加简练易操作，新保守派认为造成目前政府管理乏力、行政低效的原因在于政府规模太大了，所以成本居高不下、工作拖沓冗长。为了实现政府规模的压缩，就需要更多地将政府的项目职能交由私人部门通过市场竞争加以规范，压缩政府的管理范围，摒弃对社会事务面面俱到的干预，仅聚焦少部分重点工程。

不论是重塑政府还是缩小政府，不同理念的改革路径最终都归结到了市场与竞争，无论是利用市场代替行政控制，还是利用竞争代替命令与权力，问题的关键都是要改变政府的运行方式，让政府的行政化工作变得更加商业化。美国的管理与预算办公室曾经在一份工作报告中对此进行了描述："竞争是保证私人部门经营质量和推动经济发展的驱动力。"私人部门的管理者们经常面临来自市场各色竞争对手的挑战。如果他们不能采取有效的管理方式，很快就会被淘汰出局。私人部门这种以绩效为导向、以服务顾客为宗旨的管理模式，迫使他们在持续的竞争中不断创新、灵活应变。但在正常的政府运行中，行政人员不会遇到私人部门管理者们面临的压力。他们缺少可比对的标准，也不存在持续的竞争威胁，比较

第二章 乡村振兴战略下河北省农村公共体育服务体系构建

多的难题来自立法和财政的限制。政府与私人部门展开竞争，凸显了政府的低效。接下来面对的选择就是：或者缩减政府规模使其提高效率，或者引入私人部门代其有效地提供服务。但实际上，众多已经付诸实施的市场化公私合作项目如医疗卫生、环境治理、职业培训、高速公路等，并未解决政府的问题；相反，更加暴露出管理绩效浪费、项目报告造假、行政人员渎职等管理问题。

在美国管理与预算办公室派出调查小组前往 12 个民间机构进行实地考察后，公布了一份关于私人机构承包政府职能项目的研究报告，报告的内容颇具讽刺意味。研究小组发现，承包商们往往会以高额的费用从其市场合作伙伴手中租用设备，再将其变成生活费用计入公司的支出账户；他们更加关注承包合同的裁定归属问题，而不是确保合同履行的各种规章制度，对于合同的具体实施所需要的指导、人员培训、资源配置等不予理会。联邦众议院政府工作委员会的评价更加犀利："一方面是愚蠢和拙劣的计划以及不充分的审计，另一方面是受贿和腐败，这两方面导致每年的政府错误采购就会消耗纳税人几十亿美元。"值得深思的是，在积极推进政府企业化和运作市场化过程中，政府项目惊人的浪费、造假、渎职事件都裹挟着私人供应商的贪婪、腐败，甚至犯罪活动，政府却无法及时发现或更正这些问题。

必须指出，政府与私人部门之间的关系需要一个强大而有竞争能力的政府实施积极的管理，而不是任其自由的市场化自动调节。竞争并不一定总是能够带来效率。更何况，效率实际上只是政府众多的公共利益目标之一。某些时候，竞争还可能会妨碍其他比效率更加重要的目标的实现。支持竞争的理念无助于缩小政府规模也不能从根本上转变政府职能，除非政府自身提高管理公私伙伴关系的能力。因此，我们需要探索在政府不断依赖私人部门的情况下，如何保证这种关系的良好运行。

从法律层面看，政府与私人部门之间的合同管理应合乎规定。政府的合同管理者列出所需购买产品或服务的详细说明，做必要的社会宣传，在预定的时间、地点进行公开招标，将承包合同裁定给符合说明条件的价格最低竞标者。标准化的产品说明使政府无须为不同的供应商提供培训，也促进和鼓励了商家在稳定和统一原则下的市场竞争。政府行为几乎与市场上的其他私人消费者无异，明确自己所需后尽量找到那个价格最低、性价比最高的供应商，政府的支出成本被显著降低。然而，在这一采购过程中，绝大多数情况下政府只能被动地购买已开发研制且经过市场验证的产品和服务。对于那些需要灵活创新的，甚至市场上没有成熟先例的技术产品，传统的合同管理模式不再适用。没有产品详细的说明书，政府官员不得不与供应商共同研究设计新的规章制度。按照预定价格生产一定数量产品的固定价格合同演变为"成本+固定费用"模式，即政府除支付生产商所花费的成本，还要额外支付一笔预先商议好的费用作为利润。这种模式促进了政府与供应商之间开始以合作伙伴的关系共存，私人部门的技术创新意愿被广泛激发。

从最初的航空、国防领域，到农业、医疗卫生、环境保护、社会福利，政府在新的技术理念、思想以及先进产品的开发和生产上越来越多地依靠私人部门。这种依赖性也引发了治理和问责的问题。在积极践行竞争理念的过程中，政府往往因各种理由将基本决策权让渡给了承包商。随着政府与私人部门之间不断增强的伙伴关系，最初将公共部门私有化的管理战略逐渐演变成为私人部门政府化；政府的权力不是被削弱而是增强，政府对私人部门的干预进一步扩大而不是缩小。政府绩效问题依然存在。为了解答这个疑问，我们有必要重新审视竞争对于政府和私人部门之间意味着什么。

通常而言，以竞争方式提供产品和服务，市场的调节作用主要表现在三个方面。

（1）买卖双方通过供给与需求间的平衡确定生产水平。但对于政府来说，供给和需求却很少能够达到平衡。如果政府官员在一个会计年度没有花光预算，那么剩余的预算将被上缴国库，下一年度的预算会被削减。掌握的预算额度决定了官员们的地位和权力，因此这种模式激励着官员们想方设法地耗尽预算额度，下一年度再争取更多的预算。这就解释了为什么公共财政支出是逐年稳步上涨的，超额开支最终还是由纳税人承担，而政府会有意提供超量的产品和服务以抵消财政压力。

（2）市场能够规范质量。在私人部门的竞争市场，生产劣质产品的厂商很快会发现自己的业务转移到了那些能够生产更高质量产品的竞争对手一边，如果不加以改进，自己将面临被行业淘汰的风险。但对于政府来说，即使效率低下或能力不足的官员，依然不会影响他们的权力地位以及每年额度不断增加的预算。

（3）竞争性市场有赖于大量买方和卖方围绕同质商品进行谈判交易。但对于公共产品或服务供给来说，往往政府是唯一的买方，尤其是那些市场不能做或做不好的产品和服务。对于这些特定的产品和服务，市场上也许只有少数几家供应商能够符合政府的购买需求。政府不得不自行构建市场，与供应商共同设计决定，两者并不是传统市场上独立的买方和卖方。随着政府与私人部门之间的合作伙伴关系愈加紧密，竞争优势的规范性、产品质量和替换机制就愈加难以实现。

虽然政府引入市场竞争的目标之一是提高效率，但效率却并不是政府的唯一目标，其他公共利益目标有时可能比效率更加重要，比如，效果、能力、对民众的回应、公民信任与信心。在这里，经济效益显然不是政府的管理目标，与成本无关。有时，政府为了在购买市场中保留一个以上的供应商以保持未来的合同竞争态势，必须将部分业务交由竞标失败者。面对不同层次的供应商，政府管理承包合同的能力就显得尤为重要。当决策者未经民众征询意见就做出决定，无论从政府的角度认为决策如何科学合理，依然会面临民众的反对和质疑。对民众的回应以及决策程序的正当是建立民众对政府信任的关键所在。

（三）市场化中政府监管缺失的风险

公共体育服务市场化的本意是通过增加供给主体来刺激市场竞争，从而提高服务供给质量、提升供给效率，以此实现增进社会公共福利、满足公众体育需求的目的。市场化改革虽然有利于破除政府直接提供体育服务的顽疾，但并不意味政府不承担任何责任，也不代表市场化改革是没有缺陷的。在政府监管责任缺失或者落实不到位时，市场化改革进程往往很容易引发诸多风险、问题。

一方面，从传统的行政垄断走出，并不意味着市场化改革就能彻底打破垄断，而是有可能衍生新的市场垄断风险。过去公共体育服务的供给基本由政府垄断，然而由于行政效率低下、财政负担严重等问题，政府供给很难满足公众体育需求。于是政府开始引入市场主体力量，以此提高服务供给效率、缓解财政负担压力。但是部分地方政府却将解决财政压力放在首位，将市场化改革作为减压的工具，推卸其服务的责任。在此情况下，公共体育服务供给将从一个极端走向另一个极端，即由原来的行政垄断转向市场垄断。以市场化中的特许经营为例，政府通过民营化，赋予私人企业经营体育场馆的资质。在缺乏政府监管的情况下，私人企业凭借其享有的经营权，将其他市场竞争者排除在外，形成对体育场馆经营的垄断。而无论是政府行政垄断或是市场垄断，都同样存在服务质量差、供给效率低等问题。

另一方面，倘若政府忽视对市场主体提供的体育服务进行监管时，服务就有走向过度商业化、市场化的风险，致使普通公民的体育权益难以保障。正如《史记》(《货殖列传》篇)中所言："天下熙熙，皆为利来；天下攘攘，皆为利往"。这说明追逐私利是市场主体的天性。以大型公共体育场馆民营化为例，在政府监管缺位的情况下，为了最大限度地追逐私利，市场主体会擅自更改运营项目和内容，违背公益性的要求。如将有限的公共体育资源和空间完全私利化，投入盈利空间较高的餐饮、酒店、娱乐业等非公益行业。湖北洪山体育馆用于餐饮桑拿服务、长沙贺龙体育馆成商演场所、长春五环体育馆变商品卖场等等皆可以证明这一点的存在。而这必然会走向谁有钱谁消费的逻辑陷阱，公共体育场馆也将异化成为高收入、高消费者服务，而将普通公众排除在外。除此之外，场馆收费过高，几乎没有免费或者低收费的服务项目，公益性难以体现。过高的收费定价，也使得普通民众根本无力承担消费成本。

与此同时，政府监管缺失也容易诱发权力腐败的风险。政府监管机制的缺失会降低进行腐败交易的成本，提高腐败行为的可能性。这主要体现在以下几方面：第一，市场主体为了从某项公共体育服务的经营中获取高额利润，会通过贿赂、权力交易等方式与政府达成幕后协议，获得较高的政府定价或者政策优惠等。第二，政府与市场主体相互勾结，以低估体育设施、场馆等国有资产真实价值的方式，向市场主体低价出售体育设施或转移体育场馆的经营权，以谋取私利。第三，在事后的服务评估中，政府处于强势的主导一方，这为行政人员进行寻租行为提供了机会；市场主体为了获得较高的绩效评估，而向行政人员行贿。

此外，由于公共体育服务涉及体育活动、器械使用等，政府监管的缺位也容易导致安全事故的风险。在公共体育服务市场化中保障公众的人身安全是一个不可忽视的重大问题。政府至少应该在公共体育设施使用安全、体育场所活动安全、体育赛事安保等方面加强监管。近年来随着公众体育需求的增长，各地政府也加大对体育设施、场所服务的资金投入。但在实践中，政府往往注重体育设施的建设工作，忽视对体育服务安全隐患的排除。比如将游泳馆交由私人运营后，缺少对私人运营安全性的评估和日常检查，导致溺水安全事故频发。因此政府必须加强公共体育服务市场化供给中的安全监督、管理，保障公众的生命健康。

（四）市场化对政府的要求

1. 提高政府的驾驭能力和管理能力

市场化是政府管理的重大变革，市场化不是政府责任的减负；相反，市场化对政府的治理能力提出更高的要求。当政府采购实践中频频出现政府采购价高于市场价的现象时，人们往往将关注的焦点集中在采购过程存在哪些缺陷、采购程序是否合法、是否存在行政人员贪腐问题、如何改进采购制度等，却少有人质疑政府采购制度本身是否适用于所有的产品和服务。另外，哪些公共领域适用于特许经营等激进派市场化，哪些领域适用于政府提供直接财政补贴的温和派市场化，都需要政府的判断。简单的"甩包袱"式公共服务外包并不能实现有效市场化，政府仍然是公共服务的主要承担者和重要监管者。在促进公共服务外包的过程中，政府与社会企业之间的关系处理考验着竞争市场上企业经营管理的独立性和政府对社会企业的监管程度。政府对改革过程的驾驭能力和对行政事务的管理能力才是市场化改革的关键。

（1）政府需要明确需求，并有能力独立确定私人伙伴的工作目标。当竞争性市场缺陷增加时，依靠市场的力量定义商品和服务变得十分困难；当供给方缺陷增加时，市场构建中的政府选择空间的能力就会减小，政府及其合作伙伴在面对新技术的时候不得不谨慎行事；当需求方缺陷增加时，政府对工作项目的任务设计能力就会减弱；当供给方和需求方的缺陷同时增加时，竞争性市场虽然有助于确定选择方案，但在一个不成熟的市场，政府的信息获取就是最大的障碍。

（2）政府需要了解在哪里能够获得所需的商品和服务，即对供应商的选择。当市场缺陷增加时，政府对供应商的评估与判断更加艰难，市场能够提供的信息十分有限。最后，政府需要清晰所购买产品和服务的结果（或称绩效），这是前述委托—代理理论的核心，也是公共服务市场化改革成功与否的关键标准。对于政府而言，对社会机构的公共服务供给结果进行质量评定是一大难题。参与竞争的供应商往往会陷入广泛的利益冲突，对获得政府订单的欲望远较向政府提供高质量产品信息的意愿强烈。

2. 政府与合作伙伴之间的依赖性

不同于个体消费者在市场交易中形成的买方与卖方之间独立的主体地位，政府与合作伙伴之间常常是相互依赖的共生关系。市场缺陷的存在加剧了这种依赖性，使得两者利益集中，边界被模糊。当市场缺陷增加时，可选择性减少，政府不得不允许其他承包商拓展业务并进入公共服务的供给体系。这种组织边界的变化，对政府及其承包商的行为产生了如下重要影响。

（1）通过组织内外部资源的流动、吸收与释放，边界确定了组织的性质、组织的活动范围、技术核心以及适应外部环境所需的各种功能。当界限被模糊，政府与承包商之间各自的职责、权限就难以划分，将不可避免地出现政府的失职和私人机构的越权。

（2）政府有赖于组织边界的清晰划分以应对大量的内外部环境不确定性。明确的组织边界有利于帮助政府厘清公共财政的收入来源和委托项目的支出明细，一旦组织边界模糊，政府对于公共事务管理的控制就陷入混乱，公共部门与私人部门的业务与职能交织加剧了政府管理的复杂性。

（3）政府为了削弱不确定性因素和市场缺陷造成的不利影响，必须及时地发现并更正错误，然而利益冲突和官僚制使组织学习难以实现。市场的赏优罚劣对于自由竞争具有积极的激励和导向作用，但当竞争萎缩、市场自身缺陷出现时，承包商之间的利益冲突就会影响市场信息的可靠性。信息流通顺畅依赖于组织内部的信息处理过程和组织之间的沟通方式。在官僚制的组织结构中，信息的上传下达经常受到信息过滤、信息扭曲、信息遗漏的干扰，这些干扰可能来自个体的文化知识背景、组织中的人际关系、群体意志、组织规范以及组织文化。当市场缺陷增加时，组织文化常常比市场的激励机制更加重要，表现在同一组织不同层面的不同文化抑制了信息沿着命令链的上下流动，即正式沟通中的信息失灵；而不同组织的相同文化往往会产生跨越组织层级和界限的信息流动，即非正式沟通的信息扩散。

总之，竞争不是缩减政府规模、提高政府工作效率的万能丹。政府不仅需要依赖承包商提供产品和服务，还要对购买产品进行评价，管理购买过程的各个环节。如果政府忽视了对于自身治理能力的提升，将面临把决策权拱手转让给私人承包商的政治风险。引入承包供应商拓展了政府与公民之间的关系，使公民除作为顾客接受服务以外，还需参与监督、参与激励机制设计，更多地融入社会事务管理。

三、体育社会组织

（一）组织

组织是两个以上的人在一起，为实现某个共同目标而协同行动的集合体。组织目标一经确立，决策与计划一旦制定，为了保证目标与计划的有效实现，管理者必须是以合理的组织架构整合这个架构中不同员工在不同时空的工作，并使之转化成对组织有用的贡献。

社会组织并不是组织成员及物资设备的简单集合和组合，它是组织成员为了实现同一目标而协同努力的集体。当组织目标确定，为了实现目标，组织便以适当的组织结构为基础开始运行，它表现为这样一个过程：组织与环境的外部环境进行物质、能量、信息的交换，即投入产出的过程，也是这一过程中组织结构所发生的联动过程。组织运行过程一般经过三个步骤：第一，投入，即调动利用资源；第二，制作，即对投入的资源进行处理，通过使用资源来求得组织目标的实现；第三，产出，即输出"产品"，实现组织目标。

在管理学中，不同学者对组织的认识有所不同。有些学者侧重于研究组织结构和功能的关系，有的侧重于研究组织行为和绩效的关系；有的把组织定义为外界作用的结果（经济理论），有的把组织定义为实现特定目标的原因（协作理论）；有的强调组织的有序性，有的强调组织的灵活性。在组织的定义中，管理学家切斯特·巴纳德（Chester I. Barnard）在《经理的职责》中给组织做出的定义对人们影响较大，他认为组织是"一个有意识地协调两个或两个人以上的活动或力的体系"。

19世纪末20世纪初的美国和欧洲，资本主义企业取得一定的发展，对管理的要求日益强烈。这一时期，组织理论的研究分为三个派别：科学管理学派、行政管理学派、官僚体制学派。古典组织理论时期，美国学者泰勒（F.W.Taylor）对管理需要科学化和标准化展开研究，他所提出的科学管理理论提倡用科学化、标准化的管理来替代传统的经验管理模式，这项理论在当时的社会极大地提高了生产效率；行政管理学派的法约尔（Henri Fayol）提出管理的五个基本职能，包括计划、组织、指挥、协调和控制；科层制理论的提出者韦伯（Max Weber）认为组织治理机制有三种基础，他论证了个人行为的合法性和社会秩序的合法性，组成了官僚组织理论。

随着科技和社会的发展，管理者认识到人不是简单的机器，更多转向对人的研究，产生了组织理论的行为科学时期。梅奥（Mayo）等人在1924—1932年间开展了以科学管理为基础的霍桑试验。人们开始了个体行为与群体行为的研究。行为科学时期从心理学和行为科学来分析组织中的人际关系与非正式组织，侧重于研究组织的行为方面，是对古典组织理论的补充。

第二次世界大战以后，由于管理环境的改变，复杂的组织模式和关系越来越多，原有的组织管理理论不能很好地应用。通过系统的原理、方法来分析越发得心应手。系统理论的起源来自由生物学家贝塔郎菲（Ludwig Von Bertalanffy）的理论，他认为系统是由一定的要素构成的，各要素都是系统中不可分割的部分；系统中各要素之间的相互作用促进系统按一定方向演化；系统中各要素按照一定的结构，构成了系统整体的功能；存在于特定环境中的系统，通过反馈调节系统内外关系，接近系统目标。在1970年出现了以卡斯特（Fremont E.Kast）、罗森茨韦克（James E.Rosenzweig）为代表的系统组织理论，系统组织理论认为，组织存在于环境这个超系统之中，它包含了五个子系统，分别为目标与价值子系统、社会心理子系统、组织结构子系统、工艺技术子系统及组织管理子系统。

随着社会的不断发展，学者们逐渐认识到组织其实是一个相对复杂的事物，从单一的管理学科已不能完整地描述它。学者们开始从不同的角度，如将生态学、经济学、哲学融入组织理论分析组织的现象及问题，形成了众多流派，构成了现代组织理论。对于现代组织，可以用"专业化""等级制""层级化""形式化"、

"标准化""组织行为中心化"等术语来描述，理性主义哲学是它们的观念基础。此外，还有学习型组织理论、资源依赖性理论等等。

古典组织理论研究组织内部事和事之间的关系；行为科学组织理论研究事和人之间的关系；现代组织理论研究的是事情和外部环境的关系。社会组织在参与公共体育服务过程中，其内部组织、组织内人员与外部人员、外部环境相互影响和相互作用。

（二）社会组织

广义的社会组织是指人们从事共同活动的所有群体形式，包括氏族、家庭、秘密团体、政府、军队和学校等。狭义的社会组织是为了实现特定的目标而有意识地组合起来的社会群体，如企业、政府、学校、医院、社会团体等。它只是指人类的组织形式中的一部分，是人们为了特定目的而组建的稳定的合作形式。

（三）体育社会组织的概念

严格来说，我国法律中并未明确规定体育社会组织的概念。关于体育社会组织的文字表达出现在我国的行政法规、部门规章、地方法规等法律文件中，而对体育社会组织的概念进行明确规定的是地方规范性文件。不同地方规范性文件对体育社会组织概念界定略有差异，但都强调了体育社会组织的自治性以及公共服务性。

关于体育社会组织概念的界定，无论从何种角度出发，都要涵盖如下要素。

（1）从参与体育社会组织的主体来看，体育社会组织要能反映并维护参与公众的相关体育权益；

（2）从体育社会组织本身的性质来看，体育社会组织应是以公益目的或其他非营利目的而成立的；

（3）从体育社会组织自身的作用来看，体育社会组织是能够在体育事务中协调政府与公众之间的关系，以更好实现公众的体育权益；

（4）从体育社会组织更广泛的功能来看，体育社会组织是政府提供体育服务的重要补充，甚至在未来公共体育服务提供中占有重要地位。

简言之，我国体育社会组织是为公众提供体育服务并能反映、维护公众体育权益的非营利性组织。

（四）体育社会组织的类型

我国体育社会组织类型多样，其中其他行业的社会组织与体育社会组织，全国性与地方性体育协会，法人协会与自发性组织之间的生存和发展之路有很大差异。按照中共中央办公厅、国务院办公厅印发的《关于改革社会组织管理制度促进社会组织健康有序发展的意见》（下称《意见》）的顶层设计，体育社会组织可演绎为以下几种类型。

（1）体育社会团体；

（2）体育基金会，即通过资产捐助而依法成立；

（3）体育社会服务机构，由非国有资产方式建立的从事公益性社会体育会活动的部门；

（4）草根体育组织，它以服务社区居民的体育需求为主，是参与基层治理最紧密的群众组织。

进入法律合法性范围之内的体育社会组织，是政府选择的结果，特别是那些规模和社会影响较大的组织，官民二重性突出。体育社会组织作为公共体育服务的供给主体，其队伍规模的壮大既是全民健身战略的直接成果，也是满足人民幸福生活的基础保障。

（五）体育社会组织的自主性

1. "自主性"概念

体育社会组织是目前占到大多数比例的公共服务型体育社会组织，一方面这些组织是加强政府公共体育服务效率、建设体育强国的"中坚力量"，是我国政府重点扶持的对象，因此更能够反映出宏观制度背景下体育社会组织成长发展的"真实空间"；另一方面，公共服务型体育社会组织无论是与体育政府职能部门还是市场主体，都具有频繁的互动行为，因此更能够反映出在当前的制度背景和市场环境下，体育社会组织自主性蕴含着怎样的激励和约束机制，这更能够反映出当前我国体育社会组织的特有行动逻辑。

2. 体育社会组织自主性体现

（1）决定组织内部运作过程的自主性

随着我国体育事业改革的不断深入以及体育强国建设进程的不断推进，最大化发挥体育社会组织的作用，引导公共服务型体育社会组织的培育和发展，已经成为政府体育职能部门的重点工作方向。在这一层面的工作中，如何能够有效地对体育社会组织的内部运作施加有效的引导是其中的关键。随着姚明、陈戌源就任中国篮协和中国足协主席，意味着中国体育社会组织在改革力度上迈出了坚实的一步，"管办分离"始终是我国公共服务型体育社会组织改革的核心步骤，"管办分离"的实质就是对体育社会组织内部运作过程的改革。体育社会组织内部运作的自主性问题，实质上是在政府、体育组织二者力量交织下的内部治理结构自主性问题，我国体育社会组织之所以表现出较低的自主性水平，主要问题就在于这种内部治理结构在很大程度上受到了政府部门的外部干预。对于公共服务型体育社会组织而言，只有在内部运作过程上实现自主性，才能够保证组织在社会性目标、方法和实际运作过程上保持一致性，这种一致性决定了体育社会组织是否更多地体现出"社会属性"，而非"政府属性"。

（2）提供服务产品范围的自主性

自改革以来，政府对提供不同社会产品的社会组织采用了不同的控制手段，这种结构性安排影响了公共服务型社会组织在选择活动领域时的自主性生产。就公共服务型体育社会组织而言，其提供的产品就是公共体育服务。在现阶段社会体育改革浪潮下，政府通过与体育社会组织签订契约，然后购买体育社会组织提供的公共体育服务来履行政府向社会大众提供体育参与的义务和责任。但是不可否认，我国长期存在着"强政府、弱社会"的政社关系，政府在购买公共体育服务时往往出现供需失衡和购买滞后的问题，政府向体育社会组织购买公共体育服务，容易出现体育社会组织过度依赖政府即"非对称性依赖"问题，其现实表现就是政府往往通过非竞争性购买即公共体育服务购买行为内部化以及形式化，导致两者之间形成事实上的依附和控制关系。一旦这种关系产生，体育社会组织所能够提供的产品——公共体育服务就很难实现自主性供给，更多地需要在政府控制力的干预下、在政府允许的范围内提供公共体育服务，这其实在无形中削弱了体育社会组织服务产品供给的范围。

（3）组织活动地域的自主性

自1998年国家颁布明确的社会组织管理条例以来，我国社会组织就处于一种较强国家法团主义特征的管理体系，在这一体系下，社会组织受到国家和政府的控制，在活动地域上也受到了相应的约束。就体育社会组织而言，一些国家性质的体育社会组织，例如中国篮协、大学生体育协会等的活动地域基本上能够覆盖全国，但是一些地方性的体育社会组织则在活动地域方面存在一定的限制。体现出高自主性的体育社会组织，能够在较大范围内进行组织活动，这就可以保证组织获得足够的社会影响力以及与其他区域组织形成有效的组织互动，这对于体育社会组织的发展更为有利。但是一旦体育社会组织在活动范围上存在问题，那么不仅无法提升自己的社会影响力，同时也无法与其他社会力量进行有效结合与互动，而这种横向的组织联结恰恰是本就发展羸弱的体育社会组织培育的重要途径。

（六）体育社会组织在法律上的地位

我国法律文件对体育社会组织概念的规定与体育社会组织所具有的法律地位在一定程度上可比作硬币的2个面。亦即，当前并没有专门法律对体育社会组织的概念和法律地位进行明确规定，而是依据相关法律文件对社会组织、社会团体等进行的原则性规定，分析出体育社会组织的概念及其所具有的法律地位。而且，体育社会组织法律地位的确定可以直接得出体育社会组织的非营利性、自治性等特点，有助于对体育社会组织的概念进行界定。此外，从体育社会组织法律地位的确定程度也可窥探我国体育社会组织的培育状况，如：从《中华人民共和国宪法》(简称《宪法》)和《中华人民共和国民法典》(简称《民法典》)确定的体育社会组织的法律地位，可以看出体育社会组织的培育要以发挥其自治性为主；从《中华人民共和国体育法》(简称《体育法》)确定的体育社会组织的法律地位来看，体育社会组织要有发展群众体育的目的和协助政府提供体育服务的功能；而从地方立法中所确定的体育社会组织的法律地位来看，培育的体育社会组织要能够提供多种体育服务。

1.《宪法》和《民法典》

国家层面的立法并没有明确规定体育社会组织的法律地位，但仍为体育社会组织的存在提供了法律依据。整体而言，国家层面的立法为体育社会组织的存在、成立与开展相关活动留下了一定的空间，体育社会组织的存在由《宪法》予以保障。《宪法》第35条明确规定公民结社自由权，其第51条规定公民在不损害国家、社会、集体的权利以及其他公民合法的自由和权利下行使自由和权利，这是体育社会组织具有自治性的体现。而体育社会组织的法律地位、成立条件等则由我国《民法典》进行了原则上的规定：第一，体育社会组织是我国民事主体，不具有营利目的。《民法典》第2条、第87条对此进行了规定。第二，体育社会组织要依法成立或设立。《民法典》第90条规定了非营利法人的成立，经依法登记成立取得社会团体法人资格或依法不需要办理法人登记的，从成立之日起具有社会团体法人资格；如果体育社会组织是非法人组织，需要遵循第103条的规定，依法进行登记或按规定履行批准程序。

2.《体育法》

关于体育社会组织的具体形式及其法律性质由《体育法》进行专门规定。《体育法》在第五章专章规定了"体育社会团体"，特别规定了体育总会、中国奥林匹克委员会、体育科学社会团体和全国性的单项体育协会，并分别规定了其法律性质。如：第 36 条规定各级体育总会是联系、团结运动员和体育工作者的群众性体育组织；第 38 条规定体育科学社会团体是体育科学技术工作者的学术性群众组织等。此外，《体育法》第 12 条规定了基层体育组织，强调社区体育社会组织要为群众开展体育活动。但仍需承认的是，《体育法》并没有将体育社会组织的概念、法律性质、具体种类进行明确规定，这为如何培育体育社会组织增添了难度。国务院颁布的《全民健身条例》第 3 条对此进行了部分补充："国家推动基层文化体育组织建设，鼓励体育类社会团体、体育类民办非企业单位等群众性体育组织开展全民健身活动。"具体而言，社会团体要组织成员开展全民健身活动（第 16 条），基层文化体育组织还要协助政府做好相关工作（第 17 条）。

3. 地方立法

关于体育社会组织的活动范围和组织任务，地方立法作出了更为具体的规定。但整体而言，不同类型体育社会组织的活动范围仍然不够明晰。

四、河北省农村公共体育组织体系构建现状

目前，河北农村公共体育服务组织化程度较低，主要表现在两个方面：

（一）组织管理能力不足

我国的农村公共体育服务事业总体上还处于初级阶段，尤其是河北农村偏远地区，农村公共体育服务还在普及推广阶段，组织管理缺乏整体性思维，加之体育基础设施数量不足、供需结构失衡、体育专业技术指导人员短缺、资金不足、内部管理不规范等问题，因此，我国农村公共体育服务组织不能完全承担农村公共体育服务的各项工作。

（二）组织供给主体多元化程度较低

农村公共体育服务的供给应是以政府为主的包含社会体育组织、市场等多元主体的联合供给，然而在实地考察调研中发现，河北农村地区的服务供给存在严重的政府依赖性，社会体育组织和市场的力量参与较少，究其原因，首先，行政化色彩浓厚导致社会体育组织的市场独立性和自主化受限，这不仅制约了其发展的空间，而且严重影响了其参与公共体育服务的公益意识。其次，官方合法性不足，根据《关于做好政府向社会力量购买公共文化服务工作意见的通知》等文件的规定与要求，当前我国"至少有 50% 以上的体育社会组织暂时还不能在主管部门登记注册，身份得不到认可"，导致社会体育组织和市场不能承接政府公共

体育服务项目，无法提供公共体育服务产品。最后，农村公共体育服务高投资，收益周期长的特点，加之政府缺乏相应的政策优惠导致市场力量的参与变得谨小慎微。

五、河北省农村公共体育组织体系构建路径

河北农村公共体育服务组织体系解决的是"服务组织供给主体是谁及彼此间关系如何"的结构问题。以政府为核心，协同社会体育组织和市场力量是农村公共体育服务组织供给的应有之义，组织供给主体间的统一协作是其体系有效运转的关键。然而，河北的农村公共体育服务组织更多的依赖政府，社会体育组织和市场力量的组织参与度较低，因此，应充分调动社会体育组织和市场力量的积极性，引导其参与其中协同治理，构建协调统一的组织体系。

（一）引导市场参与其中

政府应利用"共享共治"的理念，引导市场的力量参与其中，包括地方公司企业和村民个体，企业利用自己的资本和整合优势，提供资金等方面的支持，村民个体利用自身的场域和主体角色优势，参与体育运动，发挥其榜样和引领体育运动新风尚的作用。

（二）规范政府的治理结构

规范政府的治理结构，沿着国家行政单位"省、区——市、县——乡镇——村（行政村、自然村）"这种"自上而下"的结构，设立相应的体育主管部门，尤其是在乡镇、村这一农村的主要场域可以设置"党支部＋协会"的模式将体育治理渗透到农村公共体育服务的主战场，以便及时准确地了解乡村公共体育服务的需求、问题等实际情况，方便治理。其次，政府应采用"政策优惠＋社会责任唤醒"的方式引导主管部门的主动参与，利用国家政策的支持和地方政策的优惠，使主管部门采取购买和公益服务的方式直接参与到农村公共体育服务的各项工作事务中。

（三）明确各组织主体的责任和任务

明确各服务组织供给主体的责任和任务，政府担当起政策法规文件的颁布等统筹工作；体育社会组织和市场力量担当起实地探索的执行担当；村民个体担当起响应号召，积极参与、监督反馈的作用；政府、体育社会组织、市场力量和

村民个体共同担当起政策制定、资金筹备等协调工作，最终形成协调统一的组织体系。

第四节 河北省农村公共体育服务运行体系构建

一、农村公共体育服务运行机制

（一）概念

《现代汉语词典》对机制的解释是：泛指一个系统中各元素之间相互作用的过程和功能。就机制的性质来看，其概念主要表明各主体或要素之间的关系，具有一定的抽象性，故适合用来描述广义的或泛论的系统运行过程。从综合机制的相关定义来看，"机制"一般作如下理解：一是指事物内部构成要素间的相互联系，即结构；二是事物各系统要素间的相互作用，即功能；三是发挥功能的作用过程和原理。由于机制常常指事物发展过程中各组成部分之间的相互作用和联系，强调事物运动发展的规律性、动态性和系统性，因此从某种程度上来说，机制也常常被理解为一种运行状态，或曰运行机制。

与农村公共体育服务运行机制相关的概念，我国学者对其已有关注，但专门针对农村体育公共服务运行机制概念的探究尚颇为鲜见，对其学理构成还缺乏应有的重视。较具代表性的相关观点有：樊炳有认为，公共体育服务运行机制是指公共体育服务在人类社会规律的运动中，影响体育公共服务各因素的结构、功能及其相互关系，及其作用原理和运行方式。齐立斌认为，农村公共体育服务体系的运行机制是指农村各级政府对农村体育公共体育产品进行界定、确定供给标准和供给方式以及选择供给者的管理行为。综合前述对机制的界定分析，结合学界的相关研究，农村公共服务运行机制是组成农村公共体育服务系统的各个要素及其之间的相互制约、相互联系和相互作用，以及各个要素发挥功能的过程、作用原理及运行方式。

（二）原理

公共体育服务运行的构成有理论与实践系统、支撑点、动力关系与保障系统，其运行机制的原理由内部良性理论构成。在公共体育服务运行系统内部，各结构要素及其功能共同构成理论与实践系统。而其公共服务发展的动力要素有两个方面的来源，一是政府自上而下的政策与供给的推动，二是社会公民自下而上的需求拉动，两者的有机结合能够形成整体动力，促进公共体育服务取得进步。对现有情况进行分析，我国公共体育服务的实际供给有待增加，无法满足社会公民所需，其原因除了财政投入力量较弱，还与公共体育服务的主体建构、供给模式与保障机制等有关，而后者则成为其本质上的原因。

（三）运行阶段

农村公共体育服务从实践上可以分成以下三个部分：

1. 发起阶段

发起阶段，是指农村公共体育服务运行机制中的"发动机"，对农村公共体育服务运行机制的发展起着引导和推进作用。故而良好的运行机制是有效促进农村公共体育服务的前提，而消极的农村公共体育服务机制对人力、物力、财力等方面有百害而无一利。所以，其合理性大多取决于村民的需求和政府部门决策，这都为农村公共体育服务的机制顺利运行提供便利。

2. 实施阶段

在实施阶段中，农村公共体育的供给机制、监管机制在其中起到关键性作用，二者的实施为机制运行以及融资等提供动力，而供给机制、激励机制等共同作用于农村公共体育服务中，使其机制顺畅运行。

3. 评价阶段

在评价环节方面，评价机制在其中起到关键性作用，对农村公共体育服务具有总结、反馈和评价功能。此外，农村公共体育服务的评价称得上是开始，又可以称得上是结束，全由是否对农村公共体育有效来决定。河北省农村公共体育服务同样是由以上三个阶段——发起、实施和评价进行的。因此，河北省农村公共体育服务运行的任何一个阶段所发挥的作用都离不开另外两个阶段，尤其是评价阶段对充分整合协同机制和凝聚农村体育运行机制具有一定的特殊意义。

二、河北农村公共体育服务运行体系构建作用

推动农村公共体育服务运行体系的构建，是农村基层社会的现实需要，是保障农民体育健身权益的必然要求。在国家乡村振兴的战略背景下，运用现代化理论构建河北农村公共体育服务运行体系，是河北乡村公共体育服务的具体表现，有利于将服务的各要素系统地归纳、整合，河北农村公共体育服务发展中暴露出的问题将直接追溯到运行层面，反映出不合理现象背后的体系结构问题，从而进

行系统化的治理，加强政策法规的建设，实现公共体育设施的精准投放，创新开发出更多满足农村居民健身、休闲、社交、娱乐等需求的多元化服务产品，提供体育健身知识的精准指导等。现阶段，国家政策的支持，河北农村地区经济的快速发展，农民体育健身需求的不断提升，为河北农村公共体育服务体系的构建提供了良好的内外部环境，只要以"用户满意度"为体系构建的价值取向，一定能实现河北农村公共体育服务的整体水平的提高，这对于促进河北农村体育事业的发展，助力乡村振兴有着重要的意义。

三、河北农村公共体育服务运行的基本保障

（一）完善财政制度

现阶段，我国政府逐渐加快财政支出结构改革的步伐，将更多的资金应用到公共服务领域之中，同时对经济建设与行政管理工作中的相应支出予以缩减。国家体育总局同地区性的体育行政部门都更加重视争取政府财政投入以及自身财政制度调整等工作。河北省各级政府应以公共服务均等化为导向深化财政管理体制改革，引导各地区加大公共体育服务投入力度，争取中央财政加强对地方的转移支付。现阶段最为可行的措施是：对河北省农村公共体育服务的筹资方式进行积极的优化与完善，有机整合政府拨款、社会融资以及个人投资等资金，在各地财力允许的条件下以不同的服务项目为依据合理运用筹资手段，尽可能地提高农村公共体育服务的效益。

（二）建立多元参与机制

政府职能的转变为我国现阶段的公共体育服务供给多中心治理模式打下了一个较好的组织与资源基础。在河北省农村公共体育服务运行体系构建中，要建立供给主体多元参与的机制。

（1）政府、市场以及社会各方要合理分配各自在公共体育服务上的供给，若市场出现失灵的现象，责任的最终承担方应是政府，市场力量、社会组织与公众是公共服务供给中必不可少的主体。

（2）寻求公共体育服务供给的有效模式，以政府承担最终责任为前提将职能转交给市场主体，在有序竞争、主体公平市场环境的营造中将政府"闲不住的手"与市场"看不见的手"握在一起。

（3）在政府与民间组织之间建立合作，通过税费减免与财政转移支付等政

策的实施吸引民间组织参与，实现部分公益性、服务性、社会性公共体育服务职能向非营利组织的转移，提高公共服务的供给效率与效益。

四、河北农村公共体育服务运行体系的构建措施

河北农村公共体育服务是一项惠及所有农村居民的事业，因此，河北农村公共体育服务的运作应该采取"共享共治"的价值理念。

（1）自上而下的运行模式，即依靠政府行政主导的方式，从顶层设计到基层实施对农村公共体育服务进行有组织、程序化的精准干预，是农村公共体育服务运作管理的传统模式。这种模式在一定程度上节省时间、提高了效率，但要处理好上下级政府以及同级政府不同部门之间的关系，避免不必要的冗杂程序，对既定的政策应快速、准确地实施，发挥其省时、高效的特点。

（2）自下而上的运行模式，即按照"从群众中来到群众中去"的原则，深入农村地区，实地了解农民的需求和难处，进行基层探索，总结经验，再自下而上逐级上报，发挥其精准、高效的特点。

（3）横向互动的运行模式，即农村公共体育服务的不同主体、不同项目、不同地域之间加强互动交流，确保对农村公共体育服务的系统化运作，甚至在不同的领域进行借鉴学习。例如借鉴学习农村教育、医疗、经济发展的成功经验，植入对农村公共体育服务的运作中，发挥其融合、创新的特点。

第五节 河北省农村公共体育服务保障体系构建

构建农村公共体育服务保障体系，是实施"乡村振兴战略"的重要举措，在我国"三农"工作过程中发挥着重要作用。当前，河北省农村公共体育服务存在的供给质量低、缺乏制度政策保障、缺乏经费支撑等问题，这些问题仍然是阻碍农村公共体育服务发展的主要因素。在已有的农村体育相关政策、战略平台上，基层政府要加强体育相关政策的执行力度，结合乡村振兴战略规划以及本地的实际情况进行统筹规划。通过落实各方主体责任，设立农村体育专项经费制度，完善体育人才队伍建设，扩大农村体育场地、器材的有效供给，丰富农民身边的体育赛事活动和健身活动等路径，使农村公共体育服务的保障体系服务于"乡村振兴战略"。

一、政策保障

（一）政策工具

政策工具是政策研究的重要主题之一。政策工具的选择直接影响政策目标的实现及政策结果的预期。从20世纪70年代起，关于政策工具及其在政策过程中作用的研究得到学者的广泛关注。最初在经济和环境领域，人们发现即使面临相同的政策问题和政策目标，采用不同的政策工具，其实施结果也大相径庭。自此在不同的政策背景下，对于政策工具选择的研究日渐理论化和系统化。然而，新的难题很快出现。一些已被验证的在部分国家政策过程进展中颇具时效性的政策工具理论，却在面对其他的政策领域或其他地区的政策案例时解释力不足。为了建立具有普适性的理论模型，学者们开始尝试将政策工具与政策网络、政策学习等其他要素相结合，并对政策工具本身进行更加细致的归类分析，充分考虑经济社会环境和组织特征，以进一步修正完善政策工具理论。

1. 政策工具概念的缘起

政策工具的研究，可追溯至20世纪早期的社会学研究文献，如英里·埃德尔（Murray Edelman）强调通过语言和符号论来理解政府行为。西奥多·洛伊（Theodore J.Lowi）首先提出对政策工具进行分类，并根据工具的直接或间接强制属性以及工具作用于个体或环境四个维度划分了工具的层次，这一划分方法也成为日后政策工具研究的基本范式。查尔斯·安德森（Charles Anderson）则从制度安排和程序设定的角度，将政策工具视为政策制定的过程载体。迄今为止，关于政策工具究竟表述为"the policy instruments"还是"the tool of government"，学界还存有争议。不同的表述方式意味着不同的界定视角和研究范畴。理查德·艾尔莫（Richard Elmore）认为政策工具是决策者对实现目标方案的选择。汉斯·布雷塞尔（Hans Bressers）和彼得·克洛克（Pieter-Jan Klok）认为政策工具是一切被行动者采用以达到目的的方法的集合，涉及范围宽泛。迈克尔·豪利特（Michael Howlett）和曼哈买提·拉米什（Madhumati Ramesh）认为政策工具是政府为实现其公共政策目标而采用的技术形式，包括但不局限于政策执行的方法、政策议题的形成，如何保证政策目标的实现程度等。从技术形式的角度理解，政策工具又常常被称为管理工具或政府工具。不论是技术形式还是方法集合，政策工具都被看作通向政策目标的桥梁，对这个桥梁设计、建立、选择的过程构成公共政策分析的基本要素。

随着政策工具在政策分析中的频繁应用，要求我们用更准确的（至少更具描述性的）语言来标识什么是公共管理的工具和手段。皮埃尔·拉斯康姆斯（Pierre Lascoumes）和帕特里克·盖厄斯（Patrick Le Gales）将政策工具描述为兼具技术性和社会性的策略，用以联结和协调政府与目标群体间的社会关系。认为政策工具不仅仅是一项实现政治、社会目标的技术性策略，更是一项需要借助权力规制才能得以维系的特殊制度。与早期学者们研究的工具理性和价值中立不同，他们认为政策工具是价值的载体，反映了一定时期的社会观念和权力规制模式，并非完全价值中立，也并不存在普遍适用的工具模型。按照概念内涵层次的由抽象到具体，他们将政策工具划分为方法（instrument）、技术（technique）和工具（tool）。方法是社会制度层面的安排与设计；技术是将政策方法具体化、操作化的策略；工具则是技术的最小实施单元。他们认为政策工具能够反映决策者与政策对象之间管理与被管理的社会控制关系，因此具有一定的价值偏好。政策工具的有效性不仅取决于自身工具的合理性，还取决于不同实施环境和实施方法所产生的逻辑结果。可见，政策工具的内涵已经从单纯的技术性范畴演变为能够降低参与者行动不确定性、优化制度设计与协调组织行为的系统性框架。其不但独立于政策目标而存在，而且直接影响着政策目标的实现。

2. 政策工具研究视角的演变

虽然学界普遍认同政策工具在政策科学研究中的重要性，但对于其扮演的角色与解释路径却存在较大差异，具有代表性的观点有以下三种：第一种是莱斯特·萨拉蒙（Lester Salamon）倡导的"组织化工具"视角，将公共企业、私营企业及各类第三方组织统一纳入"公共管理新范式"的研究框架。其中代表性的理论成果包括免责分析和交易成本理论。第二种研究路径是"工具化政治"视角，关注政策选择过程中的政治博弈，基于政策过程中各利益集团的关系博弈与利益分配解释政策工具结果。第三种是超越政策领域界限的普适性政策工具研究，被称为"组织和价值无涉"。如史蒂芬·林德（Stephen H. Linder）和盖伊·彼得斯（B.Guy Peters）将政策工具研究视为一个持续变迁的过程，认为不同环境背景下决策者对于政策工具选择的"政治过程"和"主观因素"差异将导致不同的政策结果。可见，关于政策工具的研究视角逐渐从关注其客观表象转向探究决策者的主观认知，从致力于解决特定问题转向适应特定的政策环境。

政策工具研究最初应用于经济和环境政策领域时，常常被作为保障政策制定和执行顺利实施以达到政策目标的方法和手段，表现为能够直接影响公共产品与服务的生产与递送的实体性工具。政府通过颁布各种行政法条、条例、规定以及运用金融调控措施实现对社会的有效管理。有学者对此提出批评，认为这种实体化的工具属性界定将政策工具研究陷入了"技术"与"政治"的二元分割状态，使政策实践与理论解读进一步脱节。"新公共管理运动"改变了政府管理方式，政府机构规模的缩减、公共服务外包以及对公共事务的直接干预度降低使传统的管制性政策工具难以为继。伴随着新型公共管理范式的出现，政策工具的应用也发生了变迁。如合同契约在政府环境规制方面的应用，商业导向型技术激励在经济领域的应用。信息技术的普及催生了新的信息获取和交流方式，提高公共服务传递的便捷性与准确性。公共管理的全球化趋势对决策者的政策学习和政策创新能力提出更高的要求。政策工具被更加细分为"多侧面政策工具、激励性政策工具、指标性政策工具、个人关注性政策工具、沟通性政策工具"。抛弃了传统政策工具研究中以政府权威机构为单一主体的条件约束，政策工具研究开始向网络化、多元化、立体化演变，其他社会行动者也成为参与主体，影响着政策网络的结构层次、关系协调与利益分配。

政策问题的复杂性使得决策者倾向于将政策工具组合使用。比如，艾尔莫（Elmore）对教育政策进行研究发现，仅仅使用强制性政策工具并不能达到教育平等的目标，"教育券"作为补充性政策工具的组合应用能够较好地平衡教育资源地区性差异并促进教育质量的提高。尼尔·格林汉姆（Neil Gunningham）等人认为多重政策工具的组合应用要求充分考虑与政策环境的匹配性、市场适应性以及第三方部门替代性工具供给，最终达到精巧化管理。

3. 政策工具的分类

区分不同类型政策工具的性质与作用是选择与政策目标最相匹配的政策工具的基本前提。从分析政策工具自身的特点出发，有学者将不同种类政策工具的集合形象地比喻为"政策工具箱"。1968年，德国经济学家艾蒂安·科臣（Etienne-Sadi Kirschen）曾尝试列举64种经济工具并分析比较以获得最优结果。1998年，学者万·多伦（Van der Doelen）将政策工具划分为更宽泛意义层面的法律工具、经济工具和沟通工具，这一分类方法在学界得到广泛认同。英国学者克里斯托弗·胡德（Christopher Hood）在《政府工具》一书中将政府资源分为信息、权威、财富和组织四种，按照所依赖的资源和使用目的将政策工具分为八类。这种基于控制论的分类方法强调政策工具之间彼此独立、不可替代，分别适用于不同的政策问题。加拿大学者布鲁斯·多恩（Bruce Doern）和里查德·菲德（Richard Phidd）认为强制性是政策工具的基本属性，只是在表现形式和强制程度上存在差异，他们认为各种政策工具在本质上是一致的，相互具有较强的可替代性。艾尔莫从政府干预的角度将政策工具分为授权、诱导、能力建设与系统改变。安施耐德（Anne

Schneider)和海伦·英格拉姆(Helen Ingram)从行为目的的角度将政策工具分为权威型工具、激励型工具、能力型工具、象征型工具和学习型工具。

尽管早期研究者们尝试从不同的研究视角解读政策工具的内涵,然而上述分类方法却遭到诸多质疑。有学者指出这些分类方法过于简单宽泛,忽视了政策工具内部的差异性;过于理论化和理想化,缺乏机制保障和实证基础;政府被视为单一行动者,忽视了其内部的结构分层和利益群体分布;简单地将政府与民众作为政策工具实施者和影响者的两端,形成假想的二元对立关系。从决策者的角度,政策工具分类应当被赋予更多的情景化含义,由此产生"政策设计"的研究路径。美国学者林德和彼得斯认为政策工具的选择取决于所依托资源的特点和不同的政策设计要求。加拿大学者豪利特和拉米什在多恩和菲德的连续型分类方法基础上,以目标精准性代替强制性,以完全自愿和完全强制作为衡量政府提供公共产品与服务水平的两极,并按照政府的干预程度排序,得到自愿性政策工具、混合型政策工具和强制性政策工具三类。这也是目前在政策工具分析领域应用较为广泛的一种分类方式。美国学者萨拉蒙从工具构成的要素间关系入手,提出测量政策工具的四个维度:强制性程度、直接性程度、自治性程度、可见性程度。拉斯康姆斯和盖厄斯从影响政策工具形成的政治与立法关系角度,对胡德的分类法加以改进,将政策工具概括为五类:立法和管制、经济和财政、基于认同与激励、基于信息与沟通、惯例与非通行规则。这种分类方法考虑了民间社会中各行动者之间的权力关系,不同于传统的命令管制式关系,更加关注行动者之间的沟通与咨询。随着科学技术的变革和组织边界的泛化,政策网络和政策学习正在成为政策工具领域新的研究焦点。

4. 政策工具与公共部门改革

如今,科技的创新和广泛应用缩短了社会成员之间信息传递的距离,拓宽了个体与组织、个体与政府的沟通渠道,社会边界逐渐模糊。公民与国家之间的关系正由过去专制独裁式的命令与服从转向民主参与式的权衡与考量,互相依赖、彼此制约的网络社会正在形成。民众正在经历从公共服务消费者到公共事务参与者的角色转变,网络社会结构提供了这种角色转变所需的资源、关系与横向对话。显然,政府部门也注意到了这些变化,自20世纪以来,各国政府与公共部门纷纷尝试采用新的社会治理方式,大量原本适用于私营部门的市场化工具被移植和嫁接到公共部门中,如合同外包、补贴贷款、消费券以及PPP模式的各种衍生模式。这些新的工具及模式的应用,都离不开第三方的参与,社会资本的进驻推动着公共部门不得不重新审视自己应当扮演的角色和应发挥的作用。公共服务的供给者与协调监督者开始实现职责分离，从表面上看，公共部门摆脱了繁重的服务供给负担，有利于管理职能的聚焦，实际上，社会关系的复杂化使公共部门面临着更加艰巨的管理挑战，即如何与社会群体进行协调与合作，如何与民众进行沟通与对话。政策工具的研究是反映政府治理状态的重要维度之一。20 世纪 90 年代初，施耐德和英格拉姆就提出对于政策工具的研究有助于通过隐含的行为假设观察政策的参与性和公众的政策反应。20 世纪 90 年代末到 21 世纪初，学者们倾向于以新的治理方式代替传统的管理，表明世界范围内公共行政研究呈现的新趋势。放权和协商成为各国政府基本的管理方式，超越国家层次的组织介入和区域治理问题的普遍出现，社会组织和民众开始越来越多地参与处理地方事务。

新的治理模式催生了新的政策工具，新的政策工具的选择和应用为民众参与社会治理提供了更广阔的空间，社会网络结构与关系进一步优化和协调，从而推动着政府治理模式的持续演进和完善。在这一系统性变革过程中，新的治理模式的顺畅运行需要诸多的组织与资源保障。对于政府而言，作为公共决策的重要主体要保证决策信息的及时、有效、完备供给，保持对其他参与者主体的政策回应与追踪反馈，构建能够接纳并协调众多参与者主体的网状关系平台，更新治理理念，提高政策过程的规范性与合法性，培育行政人员的公共服务精神；对于民众而言，新的开放式公共治理模式，充分保证了民众获得公平表达与深入参与的机会，同时要求他们积极学习民主制度，辨识和理解利益冲突，增强公民意识和决策参与能力。

（二）农村公共体育服务的政策保障

市、区一类的部门应当在国家方针的指示下，根据当地的实际情况制定相应的政策法规来为公共体育服务体系保驾护航，发布完善的法律法规提高公共服务体系的可靠性，努力规范我国的公共体育服务市场。各地的乡镇农村也需要积极地去健全法律制度，制定实用的法律法规，使公共体育服务的推进有法可依。农村建设公共体育服务体系是一个系统工程，需要长时间地积累和完善，通过建立监督和评估机制，随时对当地的实际情况进行监督，确保其按照规划的方向长效运作和发展。

（三）强化政策保障的措施

政策先行，政策是保障公共体育服务发展的首要指导性文件，是对公共体育服务作出的整体性的规划。由地方政府带头，文旅部门为主要执行单位，以河北省相关的体育政策文件为依托，结合各地方的人文地理状况，取长补短，承上启下，制定适宜的地方农村公共体育服务政策保障体系。地方政府制定明确以促进地方农村公共体育服务为题名的政策文件，在地方采用统一的设施建设、业绩评价的标准，摈弃双重标准，并在政策法规中建立责任追究制度，对不执行或执行不到位的追责到具体个人，并在法规文件中制定明确的权责清晰的追责条款。在政策文件中适度的降低竞技体育的比重，将有限的财政资金适度向公共体育服务事业方向倾斜。借鉴《宪法》《体育法》《农民体育健身工程》《全民健身计划纲要》等政策文件的落地实况，总结经验，在新推出的政策中充分考虑其可行性，加大对经济落后村镇以及特殊人群的基本公共体育服务的投入，把地方城镇和农村的公共体育服务的均衡发展作为地方体育政策的目标取向，以政策法规为硬性保障，促进地方公共体育服务发展。

二、控制保障

在农村公共体育服务供给的过程中，存在政府法规制度缺失、资金供给方式单一等问题，因此，需要建立农村公共体育服务的控制保障体系，对农村公共体育服务的供给过程中的内容要素进行全方位的把控，确保农村公共体育服务的供给质量与服务效率。

建立农村公共体育服务监管体系是农村公共体育服务高效运转的重要环节，农村公共体育服务的供给主体多元化、供给内容和形式多样化，农村公共体育服务的控制难度较大，农村公共体育服务的最大特性就是公共性和福利性，政府作为农村公共体育服务的主要供给者和参与者必须对公共体育服务监管，才能确保公共体育服务的准确性。首先，政府作为监管主体可以完善相关的法律法规政策对农村公共体育服务进行监管，还可以在政府出台的体育政策的指导下根据农村特点制定农村体育工作的法律法规，还可以成立农村体育工作机构负责农村体育工作的监督管理，及时了解农村居民对于农村体育工作的需求和意见；其次政府可以通过引入市场组织中企业和评估机构对农村公共体育服务的投入资金的使用和设施建设进行跟踪监督；最后政府要鼓励农村自治组织和居民个人对农村公共体育服务进行自我监督和管理，实现农村体育自治化。

三、资金保障

（一）河北省目前关于公共体育服务设施的资金投入情况

通过统计指标对比，河北省人均体育基本建设支出权重最高，其次是公共体育事业财政拨款占总财政支出比重、人均公共体育财政拨款、人均公共体育服务财政总投入。

理论上看，公共体育发展投入经费主要来源包括中央预算内投资、体育彩票公益金、地方财政性资金、社会投资等，在河北农村地区，受限于经济发展水平，公共体育服务发展经费较单一，河北农村公共体育的发展主要依赖于体育彩票公益金的支持。体育彩票公益金专项用于发展体育事业，纳入政府性基金预算管理。2018年省级体彩公益金安排支出 88518 万元，其中，省本级安排支出 60961 万元，对市县转移支付支出 27557 万元。

其中，涉及农村公共体育服务支出的项目有全民健身活动经费和市县开展全民健身、群众体育及健身休闲场地建设补助。同时，2019年，中央对河北省公共体育基础设施建设计划投资 9098 万元，主要用于各乡镇、城市社区的足球场地建设，致力于提高县级公共体育场、全民健身中心等公共体育服务设施覆盖率，提高全国足球场地数量，有力地支持大众足球普及和推广。保定市 2018 年度对体育局财政拨款支出 10618.77 万元，其中文化体育与传媒支出 2565.74 万元，占 24.16%，体育场馆支出 844.5 万元，群众体育支出 63.99 万元。

对于公共体育服务的场地设施建设，河北省设立明确的资金安排补助标准。中央预算内投资补助标准包括：新建足球场地设施：每个 11 人制标准足球场，按照平均总投资 300 万元测算，中央预算内投资按平均总投资的 60% 予以补助；新建县级公共体育场中标准田径跑道和足球场：按照平均总投资 600 万元测算，中央预算内投资按平均总投资的 60% 予以补助；全民健身中心：按照平均总投资 600 万元测算，中央预算内投资按平均总投资的 60% 予以补助。体育彩票公益金补助标准：中小型全民健身中心每个项目资助不超过 800 万元；农民体育健身工程项目每个资助不超过 50 万元；社区多功能运动场中的拼装式游泳池项目每个资助不超过 100 万元；其他项目每个资助不超过 30 万元。

总的来说，发展经费的来源主要包括中央预算内投资、体育彩票公益金、地方财政性资金、社会投资，至于农村地区，各类运动场地建设落后，其中，部分中央预算内投资在农村地区主要用于足球场地建设，体彩公益金主要用于加大室外健身设施的供给，地方财政性资金覆盖较少，社会投资较少。这就导致河北人均公共体育服务财政总投入、人均公共体育财政拨款、公共体育事业财政拨款占总财政支出比重、人均体育基本建设支出等城乡对比明显，差异较大，由于是政策性拨款，所以农村内部差异较小。

（二）河北省农村公共体育服务资金保障机制

公共体育服务体系是一个针对社会公众的公益性服务，这一特征主要体现在公共体育服务体系的产品推广以及相关的公共体育基础设施的建设上。要使公共服务体系的服务功能得到实现，首先需要的是资金方面的支持，尤其是在前期的公共体育设施投放阶段，对资金投入的需求较大，并且此需求不仅要涉及资金的数量，还要关注到资金投入的持续性，只有这两者得到满足，才能保障公共体育设施的普及、维护以及补充等。

随着我国经济的快速发展，近年来在公共体育服务体系建设上投入的资金也在逐渐增多，但是我国的经济发展在区域分布上存在不平衡的问题，在经济发达地区，公共体育服务建设能得到更多、更长足的资金投入，而在一些经济欠发达地区，公共体育服务建设一般仅依靠政府的财政拨款，这种形式的资金投入一般难以让公共体育服务建设得到较大提升，在更为基础的体育器材的配置、专业辅导员的培训上，也很难得到充分满足。因此，经济欠发达地区的公共体育服务建设很长时间以来都难以实现比较实质性的发展。

资金问题一直是制约河北省公共体育事业发展和公共服务发展的重要因素，也是导致城乡公共服务水平差距大的主要因素，目前，河北省的经济水平突飞猛进，社会文明水平不断提高，体育事业也应得到更多的关注和支持。

四、整合保障

资源整合就是将各环节有机结合，使农村公共体育服务的运作具有整体的效果。主要包括政府、市场、社会组织、乡镇企业以及居民个人等元素参与进来加快农村公共体育服务的体系建设，需要建立一个科学的资源整合保障体系，构建多层次的农村公共体育服务体系。

政府应为农村提供公共体育产品，满足农村居民的多元体育需求；政府组织要出台专门的体育政策法规，协调和管理好相关组织关系，明确各部门的责任划分；体育行政部门要贯彻国家的体育方针政策。市场组织要在扩大内需和政府供给不足的情况下，利用政府所提供的资金和政策优势，加大对农村公共体育服务的供给。鼓励企业、个人加大对农村公共体育服务的投入，满足不同层次人群对于农村公共体育服务的需求。农村自治组织以政府出台的政策为指导加强农村体育自我管理和自我监督；农村居民应积极反馈体育需求并提出农村体育服务的意见。

五、人才保障

农村体育服务人才队伍建设是农村服务的重要力量，也是制约农村体育发展的关键因素。农村体育人才主要包括组织管理人才、健身指导人才、健康监测人才、科研人才和体育产业经营人才等，农村体育服务人才队伍建设可分为三个部分，核心部分是由农村工作者、农村康复中心工作人员、街道或农村文体干部和体育行政人员组成的主要工作人员，基础部分由公益社会体育指导员和农村民间组织负责人组成，外围部分包括专业社会体育指导员、体育教师、体育志愿者、农村体育运动和体育宣传爱好者。应建立以农村体育行政人员、农村体育指导员和体育教师为主体的农村体育多元化人才服务体系，定期开展体育人才培训会，开展健身培训和体质监测服务，为农村居民提供更加科学的健身指导和服务保障。

第六节 河北省农村公共体育服务监管与评价体系构建

一、公共体育服务政府监管

（一）政府监管的必要性

1. 保障公共体育利益的需要

洛克曾指出政府是一种责任，其目的是实现人民的"公共福利"。公共利益作为政府合法性存在的理据，是政府实施行政行为的出发点。传统的监管理论一般认为政府作为公共利益的代表人，在市场监管中有不可推卸的责任，政府必须采取措施保障公共利益的社会共享。虽然在实践过程中政府的无私性一直受到质疑，但是政府基于实现公共利益的目的而实施监管行为的正当性并未因此受到根本性的动摇。

政府监管的主要目的是在公共体育服务供给主体发生变化的情况下，即由政府变为市场主体时，如何保障公众的体育权益不会因行政任务的转移而受损。因而政府在进行监管过程中一方面要破除唯效率至上的观念，把难以量化的公益性因素放在首位；另一方面要加强对公共体育服务公平性、可获得性以及价格可承受性方面的监管，确保公众能够公平地享有低价、高质的服务。政府不能因为市场主体承担了直接供给体育服务的职能，而抛弃了行政追求公益的本质。同时政府必须采取相应的激励性措施，确保维护公共体育利益与市场主体追求私利之间的平衡与统一发展。

2. 塑造健康、和谐的公共体育服务市场的要求

在公共体育服务供给中引入市场主体，其目的是充分利用市场竞争机制，以提高服务供给的效率和质量。然而任由市场自发运行存在着很大的弊病，在实践中它并不能避免不正当竞争、过度竞争等市场低效问题，也无法确保服务供给的社会公平。尤其是在政府缺乏监管的情况下，往往出现恶性竞争、垄断竞争等问题，从而破坏公共体育服务市场化的有序运行以及健康的竞争秩序。因此市场的自发运行并不一定带来最有效率的结果。

为了克服市场自发运行的局限性，政府需要通过必要的监管手段，保持公共体育服务市场的健康、和谐运行。有学者指出现代公共服务型政府建设的一个重要方面就在于为市场主体创造平等竞争的环境和提供服务，即建立一个机会公平、规则公平以及权利公平的良性竞争环境，以确保公共体育服务市场化能够和谐、平稳运行，保障市场主体的合法权益不受侵犯。具体而言主要体现在两个方面：一是如何确保公共体育服务市场化不破坏市场原有的良性竞争格局；二是监管市场的不当竞争，防止不良竞争的负面效应。

3. 国家担保责任

监管不仅是政府的一项职能，更是其不可推卸的担保责任。担保责任是指特定任务虽由国家或其他公法人以外的私人与社会执行，但国家或其他公法人必须担保私人与社会执行任务之合法性，尤其是积极促其符合一定公益与实现公共福祉之责任。这意味着政府可以不亲自执行任务，但必须以维护和增进公共福祉为目的。正如法国学者莱昂·狄骥（Léon Duguit）所言："任何因其与社会团结的实现与促进不可分割，而必须由政府加以规范和控制的活动，就是一项公共服务。"因而政府在维护社会团结、促进社会公益承担着不可推脱的保障责任。

政府的担保责任会因服务领域的不同而有所不同，但本质上都指向维护、促进公共利益。中国台湾地区学者许宗力将其总结为：给付不中断的义务、维持与促进竞争的义务、持续性的合理价格与一定给付品质的义务、既有员工的安置担保义务以及人权保障义务与国家赔偿责任之承担。其落实在公共体育服务市场化中主要包括如下内容：(1) 监督义务。由于市场主体的逐利本性可能会与公益性

宗旨之间发生冲突，为了实现市场主体承担的供给责任，政府必须加强对市场主体行为、服务质量等的监督。（2）最终保障责任。政府必须保证公共体育服务的普遍性，并保障连续、稳定进行服务供给。（3）接管责任。在发生突发事件致使市场主体中断或者无法正常服务的情况下，政府基于社会公共利益的考量，必须临时接管服务的供给。（4）赔偿与补偿责任。首先政府因监管不作为等违法行为导致相关的利害关系人利益受损失，必须承担行政赔偿义务；其次监管无过错的情况下，造成相对人的利益损失，基于信赖原则，需要给予相对人一定的补偿。

（二）政府在监管中的职责

1. 监管市场

市场化就意味着政府要更多的放弃权利，让市场这只无形的手发挥调节作用。市场化使得政府在变革中变得尤为重要，公共体育服务的逐步市场化需要一个过程。首先，要对市场公共体育服务供给主体进行挑选，确保供给主体能够承受住政府交给的重担，有能力提供更好的公共体育服务和公共体育产品，即使在这个过程中会遇到一些挫折也不至于没有防范风险的能力。因此在挑选的过程中，政府要严格选择更有能力的供给主体进行有效的供给。其次，在进行竞标的过程中，要公平公正，用正规的程序选取竞标的供给主体，公平透明地操作整个环节。最后，在安排好基本符合要求的供给主体以后，政府也要做好相关的善后工作、淘汰不符合要求的供给主体，选出能够获取更高效益的供给主体。

2. 跟踪了解信息

公共体育服务市场需要政府将公共部门的一些活动通过正当的程序交给私营部门。首先，政府需要及时了解各个部门的情况，这样才能把工作交给私人部门，使其更有效率地完成工作，但是要私人部门更好更快地完成政府部门的工作，还需要引入竞争机制。因而政府部门需要及时了解市场并进行跟踪，了解各个企业的办事能力以及行业的发展情况。从另外一个层面来讲，政府及时公布信息，也有助于企业进行合理科学的决策。

3. 协调供给主体之间的利益

公共体育服务市场化必然会牵涉各方之间的相互协调和利益分配，这就需要政府作为主导力量和制度的制定者从中进行协调，促进三方的快速发展。首先，政府应该扛起责任，发挥领头作用，不能趋利避害，把困难的、盈利少的直接让企业承担，这样会使得企业对政府的工作产生消极的看法，不利于项目的完成。其次，在公共体育服务市场化的过程中，政府一定要时刻想着公众的利益，一切服务的宗旨就是为了更好地满足公众的要求。最后，企业作为服务的提供者，不能只考虑自身利益的最大化，在降低成本的同时也需要保证服务的质量，扛起企业的社会责任，不损害公众的利益。在享受企业提供的公共服务中，公众要理解民营化的内涵，不能只享受服务而不缴纳应付的服务费用，阻碍公共服务的正常进行。

（三）政府监管的基本原则

对于政府监管而言，原则规范同样是必不可少的，尤其是进行监管的基本原则。基本原则是一种基础性规范，是产生具体规则、规范的依据。它集中体现了政府监管的基本价值取向。与此同时它还贯穿于政府监管的整个过程，具有指导和规范政府行为的功能。政府在公共体育服务市场化中应当遵循监管的基本原则，以适应市场化运作，从而确保公共体育利益的实现。

1. 公开性原则

行政公开是民主政治之本意，社会历史发展的必然。行政法中公开性原则又称透明性原则，是指政府行政的过程透明化。而正如斯萨瓦认为的"如果规制范围没有限度、运作不够透明……民营部门的投资者就会望而却步……"这充分说明在缺乏明确限度、透明公开的政府监管，市场化改革不可能获得成功。因此作为现代民主政府的必然趋势以及市场化改革的必要条件，公开性原则要求政府在公共体育服务市场化中必须坚持监管过程的透明化、公开化，接受社会公众、媒体等的监督。

政府监管过程公开化至少有如下优点：(1)减少政府监管机构进行权力寻租、腐败的可能性。监管产生腐败的原因之一在于监管机构与公众之间的信息不对称，比如公众很少能全面了解政府如何进行监管决策、市场主体的经营状况等。在此种情况下，很难确保监管机构不会牺牲公众体育利益，谋求部门和个人私利。通过设置监管公开制度，可以减少这种信息不对称的问题，缩小腐败的范围，提高腐败的难度；(2)提高政府监管的可问责性，促进政府监管责任感的养成。公开政府监管信息，能够使公众知晓在监管过程中政府是否尽职尽责、有无监管不力的情况等，从而保证对政府进行问责的操作性。

政府监管过程应当以公开为主，除涉及国家秘密、商业秘密的信息之外，应向社会主动公开，包括监管决策、法律依据、服务定价过程、服务评估标准、资金使用情况等方面。同时公开性原则应贯彻在监管的全过程，唯有如此，才能使社会公众对服务供给的整体情况有一个清晰的了解，从而确保政府监管行为的合理、合法。

2. 依法监管原则

依法监管是指在公共体育服务市场化中监管机构必须在法律规定的范围内进行监管。作为政府履行职责的一种，它体现了现代法治行政的基本理念，即依法行政、依法办事、依法治理。这一法治理念至少包括以下内容：(1)法律至上，尊重法律的权威性。这是因为法律集中体现和反映了人民的共同意志和利益，尊重法律至上性，就是自觉维护人民利益；(2)坚持执法平等，依法维护社会公众权益以及市场主体的合法权利；(3)对权力进行规范、制约，确保监管机构向人民负责、为人民谋利，防止权力走向异化。因此依法监管最基本的要求就是监管机构服从法律的安排。

3. 社会效益原则

社会效益作为一个难以明确化的概念，它指向对社会各个方面产生的正向影响、作用，因而具有全面性、长远性等特点。一方面，在公共体育服务市场化领域，服务的公益性决定了其产出的效益并不仅限于市场主体所产生的经济效益，还包括了对公众心理、精神等层面产生的积极效应等。另一方面，市场化改革所追求的目的是满足社会公众的体育需求，而非追求经济利润产出。因此政府必须围绕公众体育需求展开监管活动，注重追求公共体育服务的社会整体效益。这要求政府在监管过程中必须以实现公共体育利益的最大合理化作为其行为的优先选项。

4. 主动监管原则

政府进行监管的本义在于维护市场秩序，防范市场失灵。而市场失灵很难通过自身自愈的方式得到解决；同时市场化所产生的风险具有隐蔽性、复杂性等特点，若不进行事先预防、控制，一旦风险发生就很容易失控，从而增加监管难度、提高监管成本。因此在公共体育服务市场化中政府应遵循主动监管的原则，即政府要主动发现问题并在问题发生之前予以解决，从而规避市场风险，确保公共体育服务正常供给。

二、公共体育服务评价体系

(一) 公共体育服务评价指标体系构建原则

1. 坚持系统性原则

为让农村公共体育服务评价体系的各指标间存在一定逻辑关系，不但要从管理的投入及产出两方面反映出农村地区公共体育的发展状况，还要从受益者所接受的结果类型方面反映三者的内在关联。一个系统由一组指标构成，每个指标间相互独立且彼此联系，形成一个从宏观至微观不可分割的评价指标体系。

2. 坚持可行性原则

在建立农村公共体育服务评价体系时，首先要遵循的是可行性原则。确定评价体系中的每一项指标是否可行，目的在于能够真实有效地对农村公共体育服务进行评价，要求每个指标是可被观察与测量的，且指标测量的数据可被采集，方便分析与处理。

3. 坚持简明科学性原则

指标的确定以及评价体系的制定必须以科学性为原则，能够从投入、产出及效果三个方面真实客观地反映出农村公共体育服务水平的高低，能够较为全面地反映出各指标间的真实关系。且指标的选取应当具有代表性，不能过于烦琐，使得各级指标发生重叠，也不能过于简洁，以免在测量过程中出现信息遗漏，使得指标体系不能真实反映农村公共体育服务情况。

4. 坚持定性与定量相结合的原则

定性和定量分析相结合是将不同的分析技术综合在一起，公共体育服务评估工作是一项综合的工作。在指标的选取过程中，尽可能做到量化，如居民满意度、体质合格率等是需要数据进行论证的。一些指标比较重要但很难实现量化的，可进行定性描述。定量和定性相结合能够使得指标更合理、客观，能够多方面真实地对农村公共体育服务进行评价。

（二）公共体育服务评价体系构建的理论基础

除了之前提到的新公共管理理论和新公共服务理论，还有投入产出理论。

投入产出理论又可称为产业关联理论，研究内容主要是存在于社会经济活动过程中各产业之间的广泛的、复杂的和密切的技术经济联系，这些主要是由里昂惕夫的投入产出法解决。投入产出理论的创始人华西里·里昂惕夫（Wassily Leontief）在1932年开始进入哈佛大学开始从事投入产出法的研究，在1941年出版的《美国的经济结构1919—1929》一书中，将投入产出理论的基本原理、整体发展以及应用进行了阐释，这标志着该理论的正式产生。

投入产出理论的应用，简单来说，就是"把一个复杂经济体系中各部门之间的相互依存关系系统地数量化的方法"。早期的投入产出分析，其数学方法只涉及线性代数，进行一系列系数的计算，从而加以运用，是静态的，不能解决动态问题，在1953年，里昂惕夫又讨论了投入产出动态模型。如今，各个领域均利用投入产出理论研究其专业性的问题，如能源、教育、环境、体育等，为各个领域的学术研究和实际应用开辟了新道路。

（三）评价指标体系与效能评价

效能评价的作用主要在于达成某期望任务要求的程度，挖掘并发现实现任务目标过程中的问题，检查和判断工作中的利益分配是否合理，是运用特定标准对事物的准确性、时效性、经济性以及满意度等方面进行评估的一种过程。对河北省农村公共体育服务进行效能评价，包括对服务供给的成本，产出效率，以及农村居民的使用感受和满意度等方面构建评价指标。效能评价的出发点及落脚点都是为了提高服务效率，降低供给成本，实现农村公共体育服务效能最大化。

评价指标体系是为了衡量某一个目标，而设定的一组相互关联、相互影响的指标集合。效能评价体系是一个综合性系统，除了评价主体、评价对象、评价实施及操作，还有评价指标体系的构建。其中，评价主体是核心，而评价指标及标准是评价体系的关键，评价指标如果设计得不合理，将使得研究的效能评价不能达到预期的目标。因此，正确的评价指标的选择可以决定对农村公共体育服务效能的研究能否成功，评价指标的维度选择也是决定指标体系能否成功的关键。

三、河北省农村公共体育服务监督与评价体系构建措施

（一）进行依法监管

首先，依法监管体现在监管职权法定。这要求政府监管机构一方面遵循法无明文规定不可为，凡是超越法定职权的监管行为自始至终不产生法律效力；另一方面要求其尽职尽责、全面地行使职权，不能监管不作为。

其次，依法监管要求监管行为必须依据相应的法律规范，包括实体规则、程序规则两方面。就实体规则而言，公共体育服务市场化中政府监管涉及体育服务的方方面面，包括服务质量、标准、价格、财政资金使用、绩效评估以及国有资产监管等。这要求监管机构在这些方面实施具体行为时必须按照现有法律法规之规定。倘若某一监管行为并未得到法律规范之授权，那么对这一监管行为就不可能是合法的监管行政行为。而法定程序规则作为政府监管行为合法性的重要组成部分，它是追求实体规则效果的必经之路，可确保结果的公平正义。这要求政府监管行为不能脱离既定的行事轨道，必须按照法律规定的程序步骤、方式等展开活动。比如在对体育服务定价过程中，开展听证会，公开相关信息，说明具体定价理由，等等。

最后，依法监管要求对政府监管的自由裁量权进行规范和控制。由于公共体

育服务市场化不断地发展，所以从某种意义上来讲法律规定无论如何完备、严密，都很难将政府监管的全部内容予以囊括。因而为了适应市场化的新情况以及作出灵活处理的要求，需要赋予政府监管机构一定的自由裁量权。然而诚如哈特穆特·毛雷尔 (Hartmut Maurer) 所言："裁量并没有给予行政机关自由或任意，'自由裁量'（尽管这种误导性的措辞上至今仍然不时出现）是不存在的。"所谓的自由裁量其实质上是在法律约束下进行的裁量。因此对政府监管的自由裁量权加以控制是依法监管的应有之义。具体而言有如下途径：(1) 通过实体规范进行事前规制，明确裁量的合理范围。实体规范作为政府行为的依据，为政府监管提供了相对明确的边界范围，有利于防止自由裁量范围的不断膨胀；(2) 进行事中程序规制，确保裁量的公正性，防止政府监管的随意性；(3) 开展事后的监管救济，即通过行政复议、行政诉讼等救济途径，对政府滥用裁量权的行为进行纠错。

（二）进行主动监管

首先，政府主动监管并非盲目地监管，而是及时有效地监管。某种意义上而言，在问题发生后进行监管等同于监管失败，并且容易产生政府监管怠惰的危险。因此，政府在进行监管时要强调其及时性。所谓及时性，即要求政府监管的节点要在风险发生之前，而且应进行事前的风险评估；有效性则强调监管措施到位、效果明显。实践中政府虽然注重公共体育服务供给过程中加强对风险的监管，但很容易忽略事前的风险评估。学者沈岿认为风险评估作为一个科学的过程，它为风险监管的决策和执行提供科学上的依据。可以说在监管中缺乏一个准确的事前风险评估，政府监管也将成为无源之水、无本之木，失去最可靠的基础；同时也会增加监管失灵的可能性。

其次，政府主动监管不等于过度监管，而是一种适度的监督。过度监管意味着更大的监管权力、更宽的监管范围、更严的监管手段等。但这并不一定就能解决市场失灵的问题，相反有可能陷入市场无序与过度监管的恶性循环，即市场无序—加强监管—市场无序—进一步加强监管。有学者指出公法治理是在司法的自治出现问题并危害到社会公众的利益时才会出现。这说明公权力并不是目的，而是作为一种必要的治理手段而存在的。虽然行政权具有强制性、不可处分性等特点，但这不能成为行政权侵犯司法自治的理由，因为行政权本身是为了维护、保障私权利自主治理而存在的。这表明政府监管必须以尊重市场主体自主治理权利为边界。它要求政府在进行监管时，要做到：第一，尊重市场主体的独立性地位，即市场主体不依附于其他组织或机构而存在，具有自由行动的能力。因为当政府以行政干预的方式强行支配市场主体的行为，往往会使市场主体丧失对资源进行配置的自由选择，这必然无法发挥市场配置资源的作用。所以监管机构必须把市场主体看作成一个独立的个体，依法采取经济、法律手段进行监管，尊重市场主体的权利，而不是支配市场主体行动。第二，尊重市场主体内部的人事权、财产权、决策权等管理权限。确保市场主体拥有采取措施提高服务供给能力的权利是市场化得以成功的前提，政府监管必须充分尊重市场主体内部管理权，以促使其能够发挥资源配置效率高的优点。

（三）建立规范的绩效考核体系

公共体育服务系统作为一项惠及民众的公益性基础建设，其在建设和完善的过程中需要政府和集体以及个人的共同努力，而在公共体育服务系统的建设中，绩效评定机制也是非常重要的一环。绩效评定一方面可以比较公正客观地体现公共体育服务体系建设中的成绩，另一方面，绩效评定也在一定程度上帮助监督公共体育服务体系的发展状况。这样一来，就能使社会公共体育服务活动能对自身实践方式方法正确性与合理性实现客观的掌握。

在公共体育服务系统中，绩效评定对其自身具有非常重要的监督作用，而其中进行绩效评定的主要依据就来自民众对公共体育服务的反馈，这样的依据相对来说更加真实，而且依据其进行分析研判得到的结果也更加客观。但是，由于河北省公共体育服务系统的信息反馈机制还不够完善，导致民众的意见和建议很难表达出来，这也就进一步加大了绩效评定工作的难度，导致绩效评定体制的完善速度缓慢。

农村公共体育服务的绩效考核应采取定性评价和定量评价相结合、结果性评价与过程性评价相结合的多种考核办法。（1）颁布绩效考核的规章制度，有关绩效考核的法律文件是有效实施绩效考核的重要保障，法律文件中应明确考核人、被考核对象，考试的方法和手段等具体内容，保障绩效考核的顺利实施。（2）制定合理化的绩效考核指标，绩效考核的指标应体现出多元化特征，不仅要依据农民满意度和社会效益等指标给出合格、优秀等定性评价考核，而且要依据体育健身设施的投放情况、完成目标的时间、农村公共体育服务产品供给的类别、次数等量化指标进行定量评价考核；不仅要依据农民身体健康状况的改善程度、村容村貌的变化等指标给出结果性评价考核，而且要依据服务供给过程中活动的规模、农民参与活动的人数、活动的现场效果等指标进行过程性评价考核，规范化的绩效考核体系可以对农村公共体育服务工作进行公正的评估，是对服务供给主体工作的认可和支持，有利于提高农村公共体育服务的整体水平，实现农民对农村公共体育服务的满意并积极参与响应，最终实现全民健身。

（四）提升公共体育服务供给效率

（1）政府在监管过程中应通过供给的公平性，扩大体育公益的范围。这是因为作为体育领域的公共服务，公共体育服务享有者不仅仅局限于运动员、教练、裁判等特定群体，而是全体公民都有权享有这项服务。公共体育服务必须实现一种"包容性"价值，即强调享有服务的机会平等、制度性的公平以及服务的增长。因此政府在监管时应保障每一位公民能平等享有、参与体育服务的机会。比如在普通公众能承受的消费成本范围内制定合理的服务价格。

（2）政府应当积极引导市场主体通过增进供给效率的方式获得私利。市场化改革的依据之一就是为了解决政府供给效率低下的问题。但是由于市场化改革作为一种工具性的革新，即政府供给方式的变革，它并不涉及社会道德伦理规范，不能保障体育服务的公益性。当市场主体不通过提高供给效率来获取利润时，那么它必然会以侵犯公众的体育权益的方式来获利，比如降低服务质量、缩短服务时间等。所以政府应采取激励性监管措施，实现市场主体追逐私利与提高服务供给效率相结合。

（3）社会效益原则还应当强调监管措施的最优化，即要求政府采取的监管措施必须是最有利于实现公众体育利益。政府监管成功与否基本上取决于监管效果。那么在政府资源和精力都有限的情况下，必须充分考虑监管措施的成本与其社会效益之间的关系，从中选择最优的方式。

（五）监督和评价体系构建要标准化

农村公共体育服务的监督与评价，是对农村公共体育服务的全过程进行有效监督，并由此对农村体育公共服务的整体效果作出结论性评价的过程。农民是农村公共体育服务的对象，因此服务的监督与评价体系应将农民作为主要参与对象。

（1）提供监督和评价的法律保障，法律文件中应明确农村公共体育服务的监督与评价的主体，除政府的相关职能部门和市场媒介外，应明确农民在监督和评价中的主体地位，赋予其监督和评价的权力。

（2）设置高效的监督渠道，开设线上线下相结合的监督形式，线上在政府的相关网络平台开设农村公共体育服务问题反馈的平台，以及区人民政府相关职能部门的留言平台，线下在传统的信箱和热线电话的基础上，在政府各级行政单位设置递进式的服务监督反馈的窗口和科室，同时要设置专门的监督管理机构，安排专职人员对线上和线下的问题反馈进行及时的处理。

（3）制定客观的评价标准，农村公共体育服务的评价应采取"主观评价+客观评价"的标准，主观评价应采取"用户满意度"的价值取向，将农村公共体育服务受众的满意程度和需求得以满足的程度作为评价的标准，可以采取网络投票、发放问卷等形式进行用户满意度调查；客观评价应将国家的基本要求和社会效益作为评价标准，将国家农村公共体育服务的要求的完成程度、农民身体健康的促进情况、农村的村容村貌的改善、农民体育运动的参与度等作为具体指标。

（六）完善监督评价指标的筛选机制

监督评价体系是公共体育服务发展的必要构成环节，其重要性不可代替。因此，建立健全公共体育服务评价指标体系对于完善公共体育服务理论，以及公共体育服务均等化实践实施等有积极作用，建立完整的公共体育服务评价指标体系，要结合河北省各地方公共体育服务发展的现状，以及在阅读相关评价指标构建的文献和公共体育服务发展经验的基础上，遵从科学性、系统性、可操作性原则，初步筛选出地方农村公共体育服务评价指标，运用德尔菲法，选择河北省体育局和省内高校的专家，得出对农村公共体育服务评价指标筛选较为一致性的意见。指标的选取要覆盖场地设施领域、体育活动领域、经费投入领域、体育专业人才队伍建设领域、群众满意度领域，对公共体育服务作出全面评价。此外，为了保证评价的真实性与独立性，引入独立的第三方监督评价机构，或通过交换评价主体的方式，与其他区域交换评价对象，提升评价的客观性、真实性和独立性。加强对公共体育服务评价指标体系功能的开发，注重发挥公共体育服务评价指标体系的反馈功能和预测功能，对公共体育服务出现的问题作出反馈，并预测未来的发展趋势，多种评价方式相结合，构建功能全面、效应突出的公共体育服务评价指标体系。

（七）构建多主体、全过程、动态循环的监督机制

我国体育社会组织的成长与发育较为缓慢，自主性和独立性不强，获取社会支持和募集资金的能力有限。体育社会组织相对于营利性组织，其承接能力较为不足，仅靠关系契约获取公共体育服务项目的承接资质，难以保证服务效果与质量。一旦出现无法履约、延迟履约、瑕疵履约等情况却无人监管，将导致公众体育利益受损。因此，必须严格监督问责机制，即构建一个多监督主体在内的全过程、动态循环的监督机制，以此满足第三方治理达到善治的必要条件，促进公共

体育服务质量的高质量发展与突破。

公共体育服务购买的本质是公共体育服务供给模式契约化，监督承接客体的合同履行行为非常重要。为防止关系契约滋生腐败、寻租现象，应设立第三方机构对合同执行情况的事前、事中及事后三个项目实施阶段进行跟踪，并根据公共体育服务购买内容制定科学评级标准，连续两年未达标者，取消下轮招投标资格，有严重"撇脂"行为者，可通过取消其承接商资格、列入失信名单、行政处罚等方式对其形成压力和起到行为约束作用。

同时，政府需要构建多渠道监管途径，既有主动监管又有被动监管，既有内部监管又有外部监管，既有中央政府监管又有地方政府监管，例如，线上投诉处理渠道、线下满意度问卷调查、委托第三方专职负责监管工作等方式。多渠道的监管渠道有利于推进精准化监督、常态化监督，消除监督的真空地带。

第三章　乡村振兴战略下河北省农村公共体育服务供给机制

本章内容为乡村振兴战略下河北省农村公共体育服务供给机制，主要从两个方面进行了介绍，分别为公共体育服务供给机制概述、乡村振兴战略下河北省农村公共体育服务供给机制。

第一节　公共体育服务供给机制概述

一、公共体育服务供给相关概念

（一）供给

在词典中翻阅供给一词的定义，主要有两种：（1）供应（supply）：满足社会购买力的需要；（2）提供（provide）：按一定规格供应或作为伴随物而配给。从经济学角度来说，就是在特定时间内生产者在某种特定的价格条件下自愿并且能够提供某种商品的具体数量。马克思说："对于供给和需求下定义，困难在于它们好像只是同义反复。"这句话也说明了供给是多重属性的统一。首先，从量的角度而言，供给有总量供给和个量供给，主要表现形式为产品量，二者之间是包含与被包含的关系；从结构上看，供给有生产不足和供给过剩两种形式，供给的结构决定了供给的效率。其次，从供给所包含的社会属性而言，供给形成的前提是人的要素和物的要素结合的现实过程，即根据人的需要结合现有条件生产物品，其中决定该物品价值的社会必要劳动时间是由社会生产条件所决定的。在市场上，买卖和供需是商品交换和商品流通的基本对立统一面。再者，供给是通过竞争和市场来实现的，竞争会引起供求比例的变化。市场如果生产过剩，会出现供大于求，反之则供不应求。供给不仅是一个供应数量的特定，还是实现一定价值量的行径。

（二）公共体育服务供给

以满足公民日益增长的公共体育需求为出发点，通过多元主体供给的方式配置公共体育资源，为公民提供和生产公共体育产品和服务的过程，称之为公共体育服务供给。公共体育服务供给一般分为供给者和生产者，政府作为主要提供者，通常对于公共体育服务实施直接供给。肖林鹏等认为政府、非政府组织、协会、社团、企业、个人等都可以是公共体育服务的供给主体。从供给内容来看，公共体育服务供给包括场地设施服务、体育活动服务、体育指导服务等方面的供给；从供给方式来看，由政府单一供给方式向多中心多主体供给方式过渡。

（三）公共体育服务有效供给

1. 概念

有效供给的前提是供给方提供和生产的服务或产品在社会中具有可使用的价值，且要求其品质与市场的实际需求相适应，在价格、质量和数量上与购买者的支付能力和需求量相适应。对于有效供给的基本概念，西方学者主要从产品供给需求意愿和其供给的能力两个条件为出发点，对其进行概念界定的。在我国有学者认为，所谓有效供给是指具有供给性质的产品能够供求均衡、合理的需求能够得到及时恰当的能力供给、充分考虑自然资源供给环境的经济承载能力、政府的经济政策法规能够得到很好制定和贯彻的供给，即供给内容全方位互动的可持续性的供给。

由此可见，公共体育服务的有效供给也就是为了满足社会公众对体育服务与产品的需求，各供给主体发挥自身优势对其需求进行资源的优化配置，在政府政策法规的约束和引导下，不同供给主体为社会公众提供的合乎价格、合乎数量、合乎服务质量的一种有效果、高效率、高效益的动态可持续的供给。

2. 内涵

有效供给的内涵包括两个层面，首先是不同的微观主体（即生产者）能产出并且能最大可能（包括数量和范围）地向属于不同群体有着不同需求的买方的供给，在此种供给中有必不可少的两种结构：一是所提供的产品总量与需求总量的均衡——总量均衡；第二种是各种产品的供应与市场的需求相均衡——供求结构均衡。在这两种结构均衡的状态之下，各类资源既不缺少也没有多余，避免了低效供给或无效供给形成，都处于最优配置状态，能够最经济的利用，形成有效供给产品，满足了社会需要。

3. 特征

公共体育服务的有效供给意指服务的有效性，即是政府作为主要供给主体，采用行之有效的供给方式为供给客体提供能满足他们所需求的公共体育服务。公共体育服务有效供给主要有以下特征。

（1）精准性

词性上来看，精准既是一个动词也是一个副词。公共服务有效供给的精准是指供给主体所提供的内容与需求人群的期望内容高度吻合。精准是一种优化状态，供给主体在通过多方调查、收集相关信息得以较为系统、准确掌握供给对象需求基础上，在不断改良供给方法和内容后，最大限度地满足需求方的现实需求和根本利益。公共体育服务的有效供给是公共服务有效供给的重要组成部分，在我国全面建成小康社会背景下，精准对标全体群众的体育需求，增强公共体育服务供给内容和方式的精准性是提高人民群众对公共体育服务满意度的重要途径。因此，精准性是公共体育服务有效供给的核心。

（2）差异性

差异性供给是公共体育服务有效供给的必然选择。经济发展差异、地理差异、人文风俗的差异性决定了有效供给是不可能全国统一的。差异性供给是因地制宜、因人制宜的供给。差异性供给是公共体育服务有效供给的必然选择。

（3）公平性

《体育运动国际宪章》规定：参加体育运动是人的基本权利。体育运动作为最基本的人权，是各界群众所普遍共有的，必不可少的。同时，党的十八大报告明确指出"健康是促进人的全面发展的必然要求"，这表示体育发展成果是由人民共享。由于区域经济发展水平差距和城乡居民分配差距的存在，公共体育服务发展水平存在着不均衡的现实问题。作为以增强人民体质、促进人民健康为根本宗旨的公共体育服务，其在供给过程中始终秉持着构建全面完善可持续的目标导向。因此，公共体育服务有效供给是公平均等的。

（4）高效性

有效供给是能产生具体作用、行之有效的供给。在公共体育服务的供给过程中，随着人民群众体育需求的多样化，公共体育服务体系在供给过程中出现了供给持续性不强、随意性过大等问题，造成了公共体育服务内容的低效甚至是无效供给，导致人民对其认可度下降。要加强公共体育服务的有效性，必定是要求质量优良的、具有效率性的先进的公共体育服务。因此，高效性是公共体育服务有效供给的重要特征。

（四）农村公共体育服务供给机制

农村公共体育服务供给机制界定为农村公共体育服务的生产者和提供者向农村居民生产提供公共体育服务的过程中形成的可重复操作的具有一定规律性的观念与行为的动态综合体，并且该综合体可直接或间接地反映出服务生产者的构成、供给内容以及各个环节的运作方式。

二、公共体育服务供给机制的构成

公共体育服务供给机制的构成主要包括供给主体、供给方式、供给内容和受众对象。

（一）供给主体

供给主体可以分为政府、企业、第三部门和个人，这种划分方式得到了很多学者的认同，同时，学者们也提出了供给主体之间的角色定位：政府为主导，企业、第三部门和个人的参与度不高。政府部门主要是指体育行政部门；企业主要是指营利性体育组织；第三部门是指介于政府部门和营利性部门之间，依靠民间捐赠或政府补助等非营利性收入从事社会公益事业的部门，例如民间社团、志愿服务组织、慈善基金会、社区自治组织等；个人是构成社会的最基本单位，在公共体育服务供给过程中有着多重身份，既是体育需求的提出者、服务的接受者与评估者，也可以是服务的提供者。相比政府、企业，第三部门和个人参与供给的比重较低，其供给水平也相对有限。

（二）供给方式

公共体育服务供给方式随着供给主体的变化发展而不断丰富。结合相关领域专家的观点，公共体育服务供给主要包括三种手段：行政化手段、市场化手段和社会化手段。

（1）行政化手段主要是指政府直接提供服务。

（2）常见的市场化手段包括政府购买服务和PPP模式。政府购买服务是指把政府直接提供的部分公共体育服务按照一定的程序交由具备条件的社会力量承担，并由政府支付所需费用。PPP模式是指政府与企业基于提供公共体育服务的出发点，达成特许权协议，形成合作伙伴关系，主要包括特许经营和合同外包。

（3）社会化手段主要是指第三部门和公民个人的社会捐赠。由于供给主体和供给方式的多元化发展，供给内容呈现出单一性向多样性转变的趋势。

（三）供给内容

将静态的供给内容作为衡量公共体育服务供给水平的指标，可以从政策法规、资金投入、场地设施、赛事活动、专业人才、国民体质监测、体育信息等方面对公共体育服务供给机制进行分析。

（四）受众对象

受众对象主要是指公共体育服务的供给客体，公共体育服务的接受者和评估者。受众对象的满意度是从需求侧衡量公共体育服务水平的重要指标。受众对象体育需求的动机和内容形式会随着社会的进步而发生转变，如何完善公共体育服务供给侧结构并优化供给运行机制，以满足受众对象的体育需求，有效缓解公共体育服务供需矛盾，已成为现阶段公共体育服务发展亟须攻克的难题。

三、公共体育服务供给相关研究

（一）关于供给主体的研究

肖林鹏对公共体育服务的供给方向进行了研究，他认为公共体育服务的供给应该以"由谁来供给"和"如何供给"为主要研究内容。同时，他还认为政府和体育行政部门、准政府组织可能成为公共体育服务中的供给主体，也可能是非政府组织、企业甚至可能是公民个体，这些主体共同提供体育公共物品混合物就是公共体育服务，在原来固定三大主体的基础上又丰富了供给主体的种类，在服务内容丰富、总量增加的同时供给效率也得到提升。

有学者认为，公共体育服务供给主体应主要包括地方政府、企业和非政府组织，其中政府是推动公共体育服务多元化供给的核心主体。范冬云将地方政府、企业和第三部门作为用来满足社会公众基本的和多样的体育需求的供给主体，提倡以人为本，以社会公众的体育需求为导向提供公共体育服务。在前人的研究基础上，易锋和陈康也同以上专家学者持相同观点。姜大勇等为促进山东省城市社区公共体育服务的供给和发展提出了有利于整改供给现状的措施。

通过对以上研究成果的研读与整理发现，供给主体在公共体育服务的供给中至关重要，以供给主体多元化为前提，积极引用多元主体竞争机制，对各主体在服务供给中的能力和创造的价值起到有效控制的作用。因此，除政府组织之外，在其他供给主体之间适当引入公共体育服务多元竞争机制，不论是政府组织内部的部门间的竞争，还是政府组织同其他主体之间的竞争，以及非政府组织之间的竞争，只要各供给主体之间公平合理地进行竞争，勠力同心，以"合作与竞争"取代"垄断"，公共体育服务供给的效率由有效向高效转变的局面指日可待。

（二）关于供给模式的研究

赖其军等和丁鸿祥通过借鉴国外经验和国内文化事业改革经验，将政府购买公共体育服务作为一个服务供给的新路径，这种路径不仅可以实现政府组织和非政府组织的互利共赢，而且还可以有效地降低成本，提高供给效率和服务质量，社会公众多样化的体育需求将逐渐得到满足，在现实生活中具有非常重要的意义。

李珊珊以农村公共体育服务供给中各供给主体的功能和价值为研究重点，探索了我国经济发展水平不同地区农村公共体育服务的路径。徐叶彤和芦平生以多中心治理理论为基础，提出了一种公共体育服务供给模式，可适用于政府和市场双双"失灵"的情况。

刘应和万陈从公共事业管理理论的角度研究了农村准体育公共产品供给新模式，通过重新定位政府职能、采用政策激励手段以及实行政府与农民的联合决策，来塑造地方政府的领导者角色，进一步完善需求表达机制，完成新型模式的构建。王凯和陈斌对"乡村体育精英"的供给范式进行了研究，建议政府通过建立相应的制度支持和补偿机制以促进乡村体育精英对相关公共体育服务供给由自发向自觉进行转变。

在以上研究中，专家学者们对供给路径和供给模式的见解均摆脱了政府单一供给模式的束缚，提倡的多为多元主体协同实现价值的供给路径与模式，这对填补河北省农村公共体育发展中的短板具有一定理论价值与现实意义。

四、公共体育服务政府供给机制

（一）公共体育服务政府供给概念

公共体育服务政府供给是指政府作为国家机构，以权力运行的方式提供社会所需的公共体育服务。政府供给包括政府直接和间接提供体育公共服务两种形式。政府直接提供公共体育服务是指政府向社会公众无偿供给公共体育服务的一种形式。政府间接供给是指政府不直接提供公共体育服务，而是通过政府采购和政府补贴来鼓励和支持第三部门提供公共体育服务。在间接政府供给中，政府主要支付购买第三部门提供的体育商品和体育服务的费用。由政府来决定第三部门提供什么，提供多少，提供公共体育服务产品的价格和质量标准。政府间接提供公共体育服务的方式主要包括政府补贴和政府采购。

（二）农村公共体育服务政府独权型供给形式

政府独权型供给并不意味着垄断。在当地的经济和产业发展形势下，地方政府主导的独权型供给形式更加适合本地的实际情况。在政府的宏观调控下，各种公共服务供给可以科学有序地进行，促进地方经济发展。就农村公共体育服务供给而言，它属于经济输出型服务体系，实施服务的对象是农村群众。在这种情况下，地方政府主导的独权型供给形式可以显示出特有优势。因此，应建立相对完整的政府供给体系，制定科学可行的政府独权型供给方式，以提供长期有效的农村公共体育服务供给。

（三）农村公共体育服务政府供给内容

农村公共体育服务政府供给内容主要有体育场地设施供给、体育健身组织服务供给、体育健身指导服务供给、体育活动服务供给、体育信息服务供给、体质监测服务供给等。体育场地设施是农村群众进行体育锻炼的基本硬件条件。完善的体育场地设施能为农村群众开展各类体育活动提供基本保障，也是政府对农村进行公共体育服务供给的最基本内容。体育健身组织是在农村开展各项体育活动的载体，是联系政府和农村群众体育锻炼的纽带，能促进农村体育活动开展规范化，有助于在农村组织群众开展体育活动。体育健身组织开展体育活动服务离不开社会体育指导员的指导，社会体育指导员能给农村群众提供运动技能教学、健身指导和群众性体育赛事的组织管理服务。体育信息服务供给主要是指通过互联网等多种渠道传播体育信息的服务，为群众提供更多体育方面的知识和信息，方便群众参加体育健身活动。体质监测服务是衡量全民健身活动成效的重要指标，体质监测服务的供给是农村公共体育服务供给的主要内容，可以监测农村群众的体质情况，促进地方政府加大农村公共体育服务供给。

第二节 乡村振兴战略下河北省农村公共体育服务供给机制

一、河北农村居民对于公共体育服务的动机与需求

乡村振兴战略背景下，河北省农村公共体育服务体系建设的根本原则是坚持以人为本，这里主体的"人"即为农村居民。因此，对河北省农村公共体育服务

的供给研究离不开对农村居民需求的研究。根据马斯洛需求层次理论，对不同层次的体育需求采取不同的措施，有利于促进群众体育的发展，实现体育领域的自我实现也是群众体育发展的关键所在。通过对农村居民参与体育的动机的调查与研究，一方面可以更好地了解农村居民的体育需求，另一方面可以结合当前的供给情况，有效完善供给路径，即解决"如何供给"。

（一）动机

随着农村居民对强身健体、愉悦身心等功效的认可，农村居民参与体育的动机也在不断强化。但由于当前的社会还处于不平衡不充分的发展状态，体育相关的设施、指导等方面发展的能力、水平还有待加强，居民的体育需求还没有得到完全的满足。习近平总书记在报告中指出："体育在提高人民身体素质和健康水平、促进人的全面发展，丰富人民精神文化生活、推动经济社会发展，激励全国各族人民弘扬追求卓越、突破自我的精神方面，都有着不可替代的重要作用。"现如今体育锻炼可以有效缓解人们日常工作、家庭、学习中的压力，在体育中释放自我。通过体育锻炼提高自己的生活层次，增强自身幸福感逐渐成为农村居民参与体育活动的动机。

（二）需求

公共体育服务的供给与群众体育需求的变化息息相关，农村居民日益增长的体育需求是研究公共体育服务供给的关键问题。保障农村居民的体育需求，是加快农村体育发展、推进农村公共体育服务体系建设、激发农村体育市场活力的核心问题。

1. 体育场地及设施的需求

体育活动场地是农村居民参与体育的最直接需求。随着国家不断提高对体育的重视程度，群众体育得到了崭新的发展契机。在这一契机下，体育活动场地及设施成为农村体育顺利开展不可缺少的要素。

2. 体质的测量与评定的需求

国民体质监测作为对全民健身体系工作的重要评定标准，在全民健身战略中也占据着极其重要的位置。随着生活条件的不断提高，农村居民对健康的需求愈发迫切，其通过体质测评可以较为有效地了解自身的健康情况。

3. 获取体育相关信息的需求

获取充足的信息资源是农村居民参与体育活动的前提，很多小型赛事及活动的宣传会经常性地被忽视。农村居民的运动动机呈多元化的趋势发展,因此对体育的需求较之以往也有很大的不同。

4.体育健身专业指导的需求

社会体育指导员是我国近年来新型的队伍,也是全民健身道路上最有力的队伍。作为开展全民健身的重要力量,作为科学健身知识的传播者,他们肩负重任。目前,多数农村居民采用自行锻炼,缺乏专业的指导。而作为体育运动的参与者,大部分居民需要进行专业指导,简单的、常识性的指导即可。专业的体育指导更能激发农村居民参与体育的热情,更是成熟的农村体育中不可或缺的一部分。

二、河北省农村公共体育服务供给现状

供给包括生产、提供以及出售三个环节。供给主体、供给内容与供给方式是公共体育服务供给中的基本问题,三者共同构成了公共体育服务供给,即"谁来供给"、"供给什么"和"如何供给"。乡村振兴战略实施后,"人"作为乡村振兴战略实施的关键因素,无论农村各项事业如何发展,其关键都在于对人的作用,要以人为核心,公共服务更是不例外。我国当前供给的主体结构包括政府与非政府组织、相关的体育行政部门、企业及个人等;提供过程应从农村居民的体育需求入手;提供内容视不同群体的体育需求具体情况而定。

(一)供给机制方面

目前,我国村落公共体育服务体系总体框架中包含供给系统、组织管理系统、保障系统、支持系统和体育需求表达系统。现如今,公共体育服务已经不再是"放任自流"的状态了,从国家下发的文件到河北省体育局对政策的解读并且制定合乎本省情况的政策文件,再到各个市(县)发布的文件,都有相应的关于公共体育服务的内容提及,并且也不止一次提到城乡公共基础设施均等化。但是在实施供给的过程中,又必然会或多或少的出现一种所谓结构性供给失衡的现象和问题,这种所谓结构性的失衡在河北省主要表现在物质性与非物质性的各种供给分配失衡、营利性与公益性的各种供给分配失衡以及城乡之间的各种区域性的失衡。导致这些问题产生的原因不仅仅与地区经济发展水平相关,还与当地政府及相关部门的重视程度以及当地农村居民对参与体育锻炼的意识和对健康的认知程度等有关。经调查,河北省农村地区公共体育服务体系的建设呈现出"碎片化"的状态。

（二）供给主体方面

公共体育服务的供给主体的种类和数量会对所提供的内容和总量产生直接的影响，供给主体的种类是由经济较为发达的地区公共体育服务中整理而来。在我国一些经济发展速度较缓慢的地区，政府在公共体育服务和产品的供给中往往扮演着多重角色，既是其投资者和服务的供应者，又是规划者和管理者，这种单中心的"政府包办式"供给已不能满足公民丰富多彩的体育需求。河北省也不例外，政府依旧是农村地区公共体育服务供给的唯一主体。政府的主体性质和职能决定了其在对农村公共体育产品和服务的供给中仍然是处于主导和核心的地位，发挥主导作用，但这并不是单纯地垄断，它还是需要在服务的供给中更好地把握基本方向、划定基本的范围。

河北省农村由于经济与地理位置原因，采用单纯的政府单一供给模式。这一模式往往由于资金来源渠道的单一性，供给结构失衡，导致模式充满了不合理性。一方面，由于时期的特殊性，农村居民长时间都处于高强度的体力劳动中，体育锻炼意识淡薄，缺乏参与体育活动的时间，他们中的一部分人甚至完全没有参与体育运动的念头；另一方面，农村体育的开展在这一时期被赋予了时代的意义，服务于生产建设活动，农村居民缺乏自主性与积极性。政府应从解决实际问题入手，基于供给导向视角，本着以人为本的原则，在时代背景下，尽可能地提供体育服务，丰富农村居民生产之余的文化生活。可以说农村体育事业的发展，政府作为供给主体，直接出资并供应全部的公共体育服务的相关产品。

（三）供给内容方面

农村公共体育服务供给的总量是服务供给水平高低的最直观最基本的表现方式。近年来河北省农村地区的经济发展水平和速度均有所提高，同时居民的生活也水平随之提高，对美丽生活的向往日渐高涨。面对这一局面，河北省农村地区现已提供的公共体育服务就显得微薄了。

在对体育社会组织的管理方面，作为开展各类群众体育活动引领者的体育社会组织，其成立数量整体不足，且缺乏合理的鼓励与管制，起不到在服务供给中的应有作用；在体育健身的指导方面，在基层从事指导工作的专业的社会体育指导员本就匮乏，就连非专业的指导员都是寥寥无几，何谈指导？

1. 体育场地及设施供给不足

《国务院关于加快发展体育产业促进体育消费的若干意见》提出，到2025年，人均体育场地面积达到2平方米。党的十九大以来，"乡村振兴战略"的提出对我国农村公共体育的发展起到了助力作用,这一战略的实施也将进一步推动农村文化、经济的发展。提高农村居民身体素质、满足农村居民的体育需求一直是国家发展体育过程中不可忽略的一部分。目前,河北省农村地区在场地设施的供给上,出现了器材设施陈旧破损、场地闲置和无专人管理等问题。

2. 体质测量与评定供给不足

乡村振兴,体育先行。本着以人为本的发展原则,自"乡村振兴战略"提出以来,发展农村体育,提高农村居民的体育意识成为群众体育的发展重点。同时,这一战略的不断推进与实施过程中,也将农村体育发展过程中的薄弱环节逐渐暴露出来。

目前,除去在校学生每年定期参加学校组织的各种项目测评及为相关的公务人员进行测评外,河北省农村地区只有极少数的居民参加过体质测量与评定,其中主要为在校学生以及上班族,年纪较大的农村居民基本都表示对体质测评"不太清楚"。

我国农村体育相比于其他各行各业的发展,起步相对较晚,公共体育服务体系的建设不够成熟。国民体质监测的实施可以通过有效的体质监测,让农村居民可以有效掌握和了解自身的健康与锻炼情况,有助于其积极参与体育运动,促进全民健身的发展,从而推动乡村振兴战略的实施。

3. 专业的体育人才供给不足

根据国家创卫的规定,每万人中须有 2 名社会体育指导员,均衡配置专业的体育指导人员可以有效满足居民对体育健身的需求。截至 2014 年底,我国已经注册登记的社会体育指导员数量达到了 174 万人次,而农村仅有 12 万人次,每千名农村居民中仅拥有 0.2 个社会体育指导员。且社会体育指导员中,有超过四分之一的人数为体育教师。我国群众体育起步较晚,与发达国家相比还存在着一定的差距。

目前,河北省农村的社会体育指导员数量远远不足,一方面,与体育相关的大部分资源还是以县城为中心扩散发展,农村地区的发展较之城镇差距较大;另一方面,由于农村体育在发展过程中存在资金不足、农村居民体育意识较为淡薄,专业的体育指导类人才很难在农村地区得到较好的发展空间。因此大部分从农村走出的人才,在接受专业的体育知识训练并取得成绩后,几乎不会考虑再回农村地区发展。由此看来,农村地区的人才流失现象极为严重,包括学校体育在内的体育活动开展均存在较大问题。

4.体育组织供给不足

"体育组织"也称"体育社会组织",是指在政府、市场、社会之间发挥管理、服务、沟通、协调、监督等作用的具有自治性质的民间组织。就河北省目前的体育社会组织本身而言,整体数量不足、社会影响力和社会知晓度偏低、专业技术人员和专职人员缺乏、现有人员队伍结构不合理等都是阻碍组织发展的难题,再加上政府单一性的供给体制对社会体育组织活力的制约,即使已经有大量的体育社会组织开始深入城市和乡村,但是多数体育社会组织在管理及活动组织等方面受到的影响及阻力太大,以至于不能充分发挥其功能。而农村地区不同于城市,经济发展水平与城市差异较大,受基础设施条件、资金投入水平以及农村居民参与体育锻炼的意识等因素的限制,专业的体育组织不便于甚至不愿意深入基层提供服务。另外,由于上级鼓励政策和信息宣传不到位,农村居民缺乏参与意识,成立体育组织的积极性较弱,致使农村地区体育组织"贫困"。

(四)供给结构方面

农村公共体育服务包含体育基础设施投放、体育健身宣传、培训体育技术人才、举办体育活动、维护民众体育权益、国民体质监测等多向度的诸多内容,然而,在调研过程中发现河北农村公共体育服务的供给存在着严重的不合理,主要表现在以下两个方面:(1)供需失衡。国家体育总局发布的《关于实施农民体育健身工程的意见》中提出"农村公共体育场地设施建设的基本标准是:一块混凝土标准篮球场,配备一副标准篮球架和2张室外乒乓球台",河北农村地区的体育设施投放已基本达标。然而看似颇受欢迎的篮球赛只是特殊时节的昙花一现,且参与群体有限,相对应的是长时间的闲置和占用,大多数人则更倾向于选择一些休闲、娱乐的体育项目,表现出供给与需求不一致的现象。(2)内容多元化欠缺。河北的公共体育服务目前还主要集中在体育基础设施投放,以及体育健身宣传、体育活动的开展等初级层面,并且存在体育活动项目单一、形式单调的问题,同时缺乏维护国民体质监测、民众体育权益维护、培训体育技术人员等核心层面的内容供给,因此公共体育服务的多样性缺失,导致供给结构不合理。

(五)体制建设方面

1.行政管理体制传统

传统的行政管理体制不仅制约了非政府组织参与公共体育服务供给的活力,同时也使得市场组织在创造价值时行为拘谨。例如当前规模重大的营利性体育健身会所,由于服务人群有限,与农村地区的交集更是微乎其微,多数健身会所的项目负责人表示不会再对该会所继续扩大投资,只是勉强维持目前的运营状态。

2. 部门协同机制不足

河北省农村公共体育服务涉及的部门较多,需要文广部门、财政部门、住建部门、人社部门、民政部门等多个行政部门的共同协调、相互配合,而农村公共体育服务的供给更多的应该与文广部门、住建部门、财政部门等相关联,财政部门牢牢地掌控着资金,住建部门涉及着整个农村的基础性配套设施和发展规划,因此,在相关部门各自落实工作目标的同时有必要强化各部门之间的合作与联系,通过部门间的紧密协调,达到信息共享、服务优化的目的。

3. 评价考核机制欠缺

(1) 供给质量评价机制有待提高

供给质量的评判是公共体育服务供给有效性的重要标准之一。在供给效果的评价上,由于缺乏针对地方实际的评估准则,评价标准尚未统一,公共体育服务供给效果的评价机制存在很多空白。农村居民对公共体育服务的满意度是衡量供给有效性与否的重要指标。然而,当前农村公共体育服务体系中农民的主体对象地位丧失,很多环节村民无法参与。农村地区对于公共体育服务的评估没有特定的环节,通常是在工作完成后以简报的形式进行公示,包括施工方、施工市场、责任人等。纵观公共体育服务体系的全过程,从决策到执行的整个环节中,地方行政部门既是发起方也是评估人,扮演着双重角色,无法保证评估的完全客观,通常一次视察、一场报告就完成了评估,极易导致供给效果评估的不公正。

(2) 绩效考核机制有待完善

河北省农村公共体育服务的评价考核机制存在发展不成熟甚至缺位的问题。作为一种综合性的质量监督工具,评价和考核的基本目标是为了回答组织或个人是否开展活动、如何行动、行动后的结果如何、是否达到既定目标、服务对象满意度如何等基本问题,以及整个行动是否可控,有没有需要进一步改进的地方。当然,农村公共体育服务开展的绩效考核应从法律上对公共服务评价机构提供保障,使其在执行评价时不受任何组织或个人的影响,确保评价结果真实可靠、公平公正。具体来说,公共体育服务绩效评估应明确和处理好谁来评估、如何评估和评估什么的问题。现阶段政绩考核的内容主要集中在经济和社会等较为显性的领域,而公共体育服务的地位又具有边缘性的特点,导致其在政绩考评框架中几乎不被重视,严重制约了农村公共体育服务的全面推进。

4. 公共财政机制不健全

首先主要原因表现在地方公共财政的社会资金投入和保障能力明显不足这两个主要方面。其次，农村地区财力有限。再次，转移支付制度不合理。转移资金要经过很长的一段链条由中央政府向基层政府一层一层地向下拨付，资金转移次数过多，耗时太久，一方面造成资金分配滞后，资金使用效率下降；另一方面，转移支付资金的流失也增加。因此，建立科学有效的监督制约机制对转移支付资金具有必要的保障作用。

河北省农村公共体育服务的基础性资金主要是来源于国家和地方的财政拨款与体育彩票的财政划拨，资金来源相对单一，这在一定的程度上加大了地方政府的财政负担和压力，同时也大大减弱了社会组织的活力。然而，当地农村居民的经济来源除了打工以外，最普遍的就是务农，通过农村居民自筹这一途径也是行不通的。要想农村公共体育服务得到更好的发展，资金的支撑必不可少，而农村公共体育服务供给的经济链又没有固定的、可持续的经济输送来源，这使得农村公共体育服务的供给得不到有力的资金支撑，继而无法有效地满足我国农村居民日益多样化的体育需求。全民健身条例中指出，要进一步加大社会各级公共财政对公共体育服务的建设和投入力度，并进一步加强监管，确保彩票公益基金专款专用。基于此，在农村公共体育服务资金供给的过程中，需要制定公平公正的财政机制对现有资金进行科学、合理、有针对性的、透明的支配，进而实现更加有效的供给。

5. 城乡分割的二元体制根深蒂固

由于社会是不断向前发展的，河北省城镇和农村地区经济发展的水平又不在同一起跑线，并且经济发展方式和速度也是各有千秋，即使如今已经在缓解城乡二元结构的发展趋势，城镇化率逐渐升高，但是又因其"起跑线"不一，城乡二元分割的局势依然根深蒂固。农村体育的发展因受公共体育服务供给的影响，在一定程度上形成了恶性循环，导致城乡居民之间在公共体育服务的供给和享受上的差距非但没有有效的缩小，反而越来越大。

（六）农村居民方面

1. 农村居民需求表达受限

在由政府主导的公共体育服务供给系统中，供给内容很大一部分由政府主要负责人的个人偏好决定，难以和百姓体育需求相一致。农民是农村公共体育服务的直接受众，有效满足农民体育需求，使农民拥有同等机会参与体育活动是发展农村公共体育服务的直接目的。然而，农民作为体育诉求的主要表达人，其体育需求表达受限，主要由以下原因造成。

（1）缺失正确体育价值观的引领。由于长期从事农业活动，部分村民认为体力活动和体育锻炼没有区别，没有正确认识到体育锻炼的益处。对于身体上的活动，他们更乐于将休闲时间花费在打麻将、玩扑克上面。体育价值观的缺失，使得农村地区整体体育意识不强，体育健身需求冷漠。

（2）权力主体性意识性不强。农民作为农村地区公共体育服务事业成果的享受者，也是公共体育服务的直接受益者。然而，长期以来的自上而下的供给模式，政府对农民实际的体育需求漠视，农民感受不到自己的主体地位，很难觉察对自己是体育事业服务对象的主体，认为公共体育服务内容和自身并无关联，无论自己表达与否，自己都会享受到体育服务。主体性感觉的丧失使村民对公共体育服务的供给表现出冷漠态度。

（3）缺少有效的需求表达与对话机制。农民在表达体育需求时，受自身文化水平所限，他们不知道如何明确表达自己的体育需求，"有话说不出来""不知道向谁去说"现象普遍存在。需求表达与对话机制的缺失抑制了乡村居民发声的积极性与热情。长此下去，村民不愿表达，政府难以了解实际情况，供需信息的不对称造成了供给效果的有限性。

2. 农村居民体育意识淡薄

河北省农村居民体育意识的淡薄，主要体现在缺乏科学健身的意识、对自身体育权益的维护、体育消费的意识、体育诉求的表达以及参与和监督公共体育相关服务供给的能力和意识等几个方面。在国家和人民政府的强力庇护下，广大居民在参与体育锻炼方面表现出了极强的依赖性，关注和参与体育的观念还略显陈旧；对农村居民来说，更多的是为满足生活需要的消费，即使生活水平已经提高并且有所满足，但是，在体育锻炼方面消费还是大多数人所不能接受的，几乎所有人都会出现对健康的重视和不断追求物质生活之间的矛盾，即使农村居民物质生活已经满足并且开始重视自己的健康问题，依然会按照自己所理解的体育认知去锻炼并且会义无反顾地选择对物质生活的极大向往，体育消费意识淡薄；由于对体育相关的法律和文件缺乏了解，导致农村居民在公共体育服务上对自己的体育权利没有维护的意识；无论是城市还是农村，受家庭经济收入的影响，除了经济能力优厚一点的极少数居民，大多数居民很少会有参与到公共体育服务供给中的意识，并且一直处于被动的地位，总是"上面给什么，下面就享受什么，不给什么，也不说"的状态，对自己的需求缺乏主动性，不会去争取；另外，农村居民还缺乏对政府公共体育服务供给工作的监督和反馈，而这与当地政府是否为群众开通监督反馈的渠道以及对相关信息的宣传工作未落实紧密相关。在公共体育服务中要对居民的权利和地位建立保障机制，转变河北省农村居民传统的健身意识，引导居民参与到公共体育服务的供给中去。

三、河北农村公共体育服务供给机制构建措施

河北农村公共体育服务的内容供给是包含体育基础设施、体验式的服务产品项目、体育健身知识宣传指导、群众体质健康监测等一体多元的供给体系。河北农村公共体育服务的内容供给应实施全方位的精准供给，方能满足各个年龄段的居民的各类需求。

（一）差异化投放体育基础设施

补全补齐各类体育基础设施的投放，在达到国家全民健身工程基本标准要求的同时，根据不同地区民众的不同需求，有针对性地进行差异化投放，并定期对体育场地器材进行维护，保证设施的正常使用。

（二）开展多元的公共体育项目产品服务

首先，利用当地的地理和文化资源，结合地方传统特色和农村居民的需求爱好，开展一些诸如拔河比赛、打陀螺等传统项目，以及路跑、自行车赛、登山、水上运动等户外项目，开发"竞技体育+健身体育+休闲体育"的多类别产品，形成集竞技、娱乐、健身、社交为一体的多功能内容供给模式。

其次，培养体育健身指导员，进行体育健身知识的指导，利用社会招聘、内部培养、学校体育教师、返乡大学生等渠道组建体育健身指导员专业人才队伍，采用"线上+线下"的模式进行体育健身指导，线上主要提供体育健身知识、方法、健康意识等内容的宣传和咨询，线下定期深入农村地区进行体育健身的普及和实践指导。

最后，体医结合，对农村居民进行体质健康监测，定期定点为农村居民提供量血压、测血糖等身体健康基本指标的检测服务，随时监测农民的身体状况，并有针对性地给出健康运动处方。

第四章 乡村振兴战略下河北省农村公共体育服务市场化机制

本章内容为乡村振兴战略下河北省农村公共体育服务市场化机制，主要从两个方面进行了介绍，分别为公共体育服务市场化机制概述、乡村振兴战略下河北省农村公共体育服务市场化机制。

第一节 公共体育服务市场化机制概述

一、公共服务市场化改革

（一）公共服务外包

将公共服务外包给私营机构并非20世纪的公共管理创举，如早在18世纪英格兰的路灯保洁、19世纪英格兰的铁路运营等，西方政府就已在多个公共服务领域尝试过私营机构的引入。与之相伴，关于私营机构承包公共服务利弊得失的争论也从未停息，成本、质量、公共责任优势等都是论辩的焦点，还曾经导致澳大利亚在19世纪末最终以政府雇员取代私营承包商从事建筑等工作。

（二）政府地位的变革

公共服务相关政策文件的颁布并不必然意味着管理实践的有效执行。公共产品由政府提供还是私人提供一直未能达成共识，有学者称之为"钟摆式动荡，随着政府经验和政治需求的变化，每隔数十年出现一次"。但从20世纪30年代到70年代，总体趋势仍然是由政府提供居多。尤其是1929—1933年席卷资本主义社会的经济危机事件导致了市场神话的破灭，从罗斯福新政到凯恩斯主义的宏观调控政策，学界对于市场失灵的关注和系统认知，福利国家在提升社会公平与维持社会稳定方面的显著成就，加深了社会对于政府的依赖，增强了政府信心并导致政府职能和规模的持续扩张。一直到20世纪80年代以前，传统的政府主导型管理模式在世界范围内都居于绝对的统领地位。政府被赋予大公无私而又能力非凡的骑士精神，当出现市场运行缺陷或社会问题时，政府就凛然出现，匡扶正义。公众对政府追求公共目标的动机以及承担公共责任的能力高度信任。公共部门和私营部门之间的差异被放大到社会阶层的两极，两者之间管理的共通性被无视。由于政府的绝对权威和统治地位，公共服务的供给完全依赖政府的资源垄断、集中化管理和政府机构直接生产，市场主体、市场价值和市场机制并不在考虑范围之内。虽然政府本身也致力于改革，但改革的内容和焦点主要集中在组织结构、工作程序、公务员素质提高以及奖惩制度改进等内化式的温和调整。

奥斯本和盖布勒曾用"牛市"一词形容传统模式中的政府地位。这一描述形象地反映了这一时期政府地位的空前膨胀，同时也预示着这种无限膨胀背后必然裹挟着大规模的非理性行为。政府在社会事务管理方面的神之光环压缩了人们的理性思考，在社会范围内形成一种"绝对正确"的信念乃至偏见，最终导致重大问题的决策失误。

（三）市场化观念的变革

观念的变革需要高度热情的推动，也会挤压理性思考的空间。市场化改革也不例外。对于市场化的过度追捧，使市场化被包装成为适用于所有情境的魔力药方，解决方案与需要解决问题的匹配性被严重忽视。世界范围的市场化改革又陷入了矫枉过正的尴尬境地。

从历史发展的角度来看，市场化的"热情过度"和"矫枉过正"有其客观存在的合理性。矫枉过正是任何观念变革的必然过程，是由固有观念的惯性力量和路径依赖决定的。当传统政府主导模式下衍生的思维定式和政治气候成为统治社会的主流时，市场化改革的首要任务就是打破其影响力的神话。

当激情退去，学者们开始对市场化这一新的观念进行理性审视和权衡时，却发现虽然改革的目标是值得称赞的，但改革机制尚未完善。任何期许的收益都是理论上的，真正实施后的结果往往未如所愿。将私营部门在效率方面杰出的优越性与提高公共服务绩效相结合的观念是美好的，但实际运作中，国企私有化后的运行绩效是否展示了预想的优越性？公共服务引入市场机制是否切实提高了绩效？优越性和绩效表现在哪些方面？市场机制引入的领域和改革的深度是否有界限？这些质疑背后的事实和证据表明，市场化的观念与经验实证之间存在明显差距。市场化观念由现存私营部门绩效优势、竞争优越理论以及政府预期目标等意识认同搭建而成，经验实证却表明市场化改革在不同领域、不同范围和不同程度上，有得有失、利弊共存。

（四）委托与代理的实行

随着政府将生产产品和服务的职能大量外包给私人部门，对从事实际工作的代理人即合作供应商们实施监督的职能大幅增加。政府对私人部门的监管不同于对其内部行政机构的监管。在传统的行政体系中，上下级之间的命令与执行依赖于官僚等级制，且经常存在上传下达的信息流失和谬误，上层指令被扭曲执行的现象时有发生。在公私伙伴关系中，承包合同代替了等级制，其权力链条分离了政策制定者和政策产出。政府官员无法向私人部门下达命令，只能依靠激励机制获得承包商的积极回应。委托—代理理论清晰地描述了这种合同关系。

政府作为委托人，以合同约定的方式，引导作为代理人的承包商依政府意志行事。理论看似简单易行，但现实世界往往面临着竞争不完全、信息残缺、组织与决策的有限理性等多方面问题。以科斯和西蒙为代表的学者将掌握信息的完备性及信息获得渠道确定为组织决策的必要条件。西蒙认为，经济人致力于追求最优化，而行政人常常奉行满意原则，即寻求满意而非最优的政策方案。稳定而可预期的程式化行为虽然有助于减少决策的不确定性，但这些不确定性却是在信息有限的情况下交易谈判过程中必然出现的结果。在组织内部，个体通过执行工作任务的情况获得薪酬，并因激励机制的影响而做出贡献。这种激励机制往往由委托人通过合同契约向代理人约定绩效报酬。虽然委托人提供了各种激励措施促使代理人努力工作，但代理人也有需要优先满足的其他利益；换言之，代理人不可避免地存在职责逃避现象而辜负委托人的信任，甚至从事不利于委托人的活动，比如，为委托人的竞争对手干活以谋取额外的收益。相对于委托人来说，代理人的逃避机会和动机远远超过委托人的监督范围。如果委托人充分了解代理人的逃避原因，可以通过调整激励机制加以避免，然而监控代理人的成本却十分高昂。委托人必须找到一个其所能够容忍的逃避水平和为此支付的成本之间的平衡点，不管委托人如何努力地试图监控，代理人总是比委托人更加了解自己的行为，道德风险应运而生。为了解决委托—代理中存在的这些不对称问题，合同契约的约束成为委托人的必然选择。当政府充当委托人角色时，这些不对称问题又引发了新的利益冲突和监控难题。

合同契约实质上是委托人和代理人之间就共同目标达成一致的协议。在公共部门，这种合同契约制更加复杂。行政管理人员追求的是政治程序背后多样的甚至相互冲突的结果目标，同时，法律身份限制了行政管理人员的决断力。政府项目的目标通常在不断地试错中改进，而合同契约中的目标需要明确具体。对于政府委托人来说，公共目标通常难以短时间内具体说明；对于代理人承包商来说，模糊又变动不停的目标很难执行，后续的绩效评价标准也无从确立。

代理人永远比委托人更加了解自己。在公共部门，由于政府无法完整了解承包商的服务资质，因此政府委托人在代理人的筛选问题上一直存在效用损失风险；换言之，"最好的"承包商是不存在的，需要政府尽可能地加以甄别和判断。一旦委托人确定了目标并选定代理人，相应的激励和惩罚机制有助于引导代理人按照委托人的意志行事，而最佳的平衡点是委托人以最低的成本获得代理人的适当行为。激励和惩罚机制设计是合同契约关系的核心内容，也是难点所在。政府的目标不清、过程监控不足、技术不稳定等都可能成为承包商绩效不佳的理由。监控绩效也是一个难题，代理人具有强烈的自我保护动机，委托人既不能过于干涉代理人的工作又不能轻视对代理人的密切关注。交易过程中监控成本的增加反过来降低了竞争理念的效率。

政府项目不断增长、财政紧缩、私有化理念的推广、技术进步都增加了政府与私人部门之间关系的复杂性。市场缺陷强化了政府权力，政府缺陷又强化了市场权力，不论依靠政府还是市场，都面临着成本增加、效率实现和责任归属问题。公私混合型权力的发展，不仅改变了传统的政府职能，还重新组合了政治权力。在新的公私合作伙伴关系下，政府与其所依赖的组织共同分担社会责任与权力。虽然公共部门和私人部门之间的责任共享模糊了两者的组织边界，但各自独立的目标追求依然可能造成威胁公共利益的结果。由此可见，随着社会需求和公共问题的日益复杂化，公共部门与私人部门之间的联结关系存在必然性。政府与私人部门之间的委托—代理关系所产生的各种困境都在具有实际缺陷的市场中被放大，民众的监督和行政控制就显得尤为重要。实际上，民营化的诸多理论优势只有在市场良好、信息充分、决策适度和外部性有限的情况下才能发挥最佳效用。当存在外部性和垄断、竞争受到约束、效率目标被忽视时，民营化不再是解决一切公共问题的万能丹。此时，追求公共利益就成为政府的核心目标。

鉴于私人部门的目标属性和利益追求与公共部门存在的巨大差异性，越来越多的政府开始将合作对象转向非营利组织，直接向社区组织拨款或提供补贴，鼓励向社区组织直接授权。从非营利组织购买公共服务成为政府市场化改革的新选择。对于政府而言，非营利组织的优势在于，更多地考虑顾客的福利，能够回应居民的各种需求。由于大量依靠志愿者提供服务，非营利组织的成本也常常低于其他私人服务供应商；非营利组织的资金来源比较广泛，有利于调动社会资本对公共服务供给的参与积极性。虽然在过去的几年间，非营利组织数量增长迅速，但组织规模普遍较小。同时，非营利组织的财政基础往往并不宽裕，因此，服务公共目标是一项重要的任务，但有时并不是唯一的目标。研究表明，非营利组织也可能会出现为了降低管理成本而采取偏重于经济效益、违背公共服务宗旨的行为。

二、公共体育服务市场化模式

（一）政府购买模式

1. 政府购买公共服务的定义

政府购买公共服务，指政府按照市场运行的机制要求，交由具备资质的社会力量为社会公众生产和承担公共服务特定事项，并由政府向其支付费用，由此使得相关公民获得优质的基本公共服务。政府应该应用多重手段培育或激励私人部门与第三方部门，为社会组织与个人履行社会责任提供平台与空间，以实现人的现代化促进国家的现代化。基于政府购买公共服务能够引进竞争机制、提高供给效率以及降低成本的信任，世界各国及地方政府已将政府购买公共服务确立为一种重要的公共服务供给机制。政府购买公共体育服务的实践，对营造政府、市场组织和非营利组织的共赢局面具有重要意义。

2. 政府购买公共服务在国外发展

"公共服务"是一种福利体制产物，20世纪中期西方福利国家由于高福利与高税收面临了严重的福利危机，不得已开启市场化改革。在此过程中，英国出现了最早的政府购买服务的实践，也因此衍生了一系列与之相关的争辩及研究，在此基础上，福利理论成为西方早期政府购买服务的重要理论。

20世纪70年代，一场席卷全球的"结社革命"拉开帷幕，各类社会组织得到空前发展，各国开始转向服务型政府建设，形成"小政府、大社会"的治理格局。戴维·奥斯本（David Osborne）和特德·盖布勒（Ted Gaebler）认为政府应向"企业化"转变，即在公共服务中引入市场竞争机制，以打破政府垄断局面，提升服务效率。B·盖伊·彼得斯（B. Guy Peters）则认为社会存在四种理想政府治理模式：市场化政府、参与式政府、弹性化政府、解制型政府。他强调不同的模式都有自己的优缺点，既不可能适用于每一个国家，也不适用于一个国家的每个阶段，具有明显的动态治理思维。朱利安·勒·格兰德（Julian Le Grand）也主张形成政府出资、民众选择的政府购买服务模式。

随着20世纪90年代末期工业化国家社会福利领域中出现"政府失灵""市场失灵""志愿者组织失灵"问题，西方学界认为公共服务市场化的背后意味着"合同失灵"现象，应以治理机制应对失灵问题，明确了"少一些统治，多一些治理"作为新的政治目标。治理理论主张由多元主体组成公共治理体系，通过社会各主体合作、协商，共同决定社会事务的处理。治理理论要求打破政府单一权威主体的权力格局，形成多主体结构功能互补的治理网络。在社会服务选择上，通过倡导积极的福利，以此克服市场自发运行带来的弊端。由此，在新公共管理运动热潮逐渐消退之际，各国越来越倾向于一种公私部门之间的"合作治理"，以应对日益多样化、复杂化的福利需求。在此背景下，体育社会组织作为政府购买公共体育服务的承接客体以及参与机构的身份逐渐引发了西方学界的关注。

英国的体育管理处于法治框架下的管理。1998年11月，英国首相布莱尔代表政府签署了《政府与志愿及社区组织关系协定》（以下简称《协定》）。随后各级地方政府也相继签署了地方层级的《协定》，2005和2009年又根据国情与需要对原协议进行了修订，增强了实用性与操作性。由此可见，英国政府购买公共服务是一个自上而下的政策扩散途径。《协定》对政府与社会组织的伙伴关系做出了简单的规划，要求政府能够对于志愿和社区部门扮演资助者的角色，应该充分尊重志愿和社区部门的独立性。《协定》规定了政府部门的关键责任是在政府系统内促进《协定》的实施，对于事关民生的体育事务直接进行立法干预。志愿部门的关键责任是在志愿和社区部门内促进《协定》的实施，要求将信息公开化。

美国是一个政府行政职能较弱的国家，社会组织具有较高的自治权。美国印第安纳大学贝丝·盖兹利（Beth Gazley）教授通过调查问卷和访谈的方式，发现佐治亚州地方政府同非营利组织之间存在大量超越合同的非正式合作。佐治亚州政府通过非合同形式为非营利组织提供的资金可以达到25%，非合同形式的信息共享58%，非合同形式的项目共同开发达到27.5%。关于政府与非营利组织之间的伙伴关系，美国华盛顿大学教授布林克霍夫（Brinkerhoff）重点从两个维度进行了界定。维度一是相互依存，指政府与非营利组织相互依赖，并且任何一方都有义务努力实现共同目标，有权利使自身利益最大。相互依存意味着平等的决策权，双方都有机会影响共同的目标、实施过程、产出以及评价。维度二是组织认同，指某个组织特有并且长久持续的一些特性。组织认同可以从两个方面来检验：一方面，组织认同的维护取决于该组织在多大程度上与组织目标、核心价值、支持者相一致；另一方面，某个组织是否能够一直保持自身特性和技术上的优势。西方学者强调了非政府组织在促进社会变革中的作用，但他们没有对非政府组织的不同作用进行细致的评估。滑铁卢大学学者以安大略省南部贫困和就业不稳定研究伙伴关系为研究案例，探索非政府组织伙伴在大型跨部门社会伙伴关系中的不同作用。非政府组织在 CSSP 主要有 10 个角色。它们包括授权角色，如顾问、能力构建者、分析师和出资者；协调角色，如经纪人和沟通者；以及促进角色，如发起者、领导者、倡导者和监控者。这些角色使非政府组织能够履行其职责。

3. 政府在公共体育服务购买实践中的困境

在最初阶段的试运行中，各地的服务承接组织能够充分考虑市民的要求，提供多样化、个性化、专业化的公共体育服务，而且兼顾组织自身的成长。各地方政府则实现了从服务产品的供给者向购买者和监督者的角色转变，不仅从具体的社会事务中抽离，而且降低了行政成本，提高了资金使用效率。然而，随着政府购买项目的逐渐深入，实践中暴露出的问题也愈加突出，主要表现如下。

（1）利益冲突

站在市场化的角度，政府是追求自身利益最大化的理性经济人，强调财政投入的产出绩效。作为公众的一级代理人，政府还承担着法律赋予的追求公共利益的责任。实行公共体育服务政府购买，旨在为不同层次结构中社会主体架设参与服务供给的桥梁，强调各个结构层面中主体间互动式的广泛参与，保障政府对公共体育服务供给有效性确认和不良信息的及时反馈，督促服务供给方不断提高服务质量和效率。这一桥梁架设者的角色，要求政府以公民的体育需求为导向，强调公平、民主和信任。但这一公共价值目标与市场化委托的效率约束之间也存在难以调和的矛盾。

（2）信息劣势

在西方发达国家，公共服务的政府购买，通常采用政府向社会公开招投标的竞买形式。但在我国公共体育服务政府购买的实践中，更多采用的是非竞争性采购方式，即政府购买部门与社会组织之间经过事先协商，指定区域内部分已具有一定声誉、运转基础良好的社会组织作为公共体育服务承接者，并不面向社会公开竞标。

当社会组织发展尚不完善，政府无法准确地了解市场上众多社会组织的实际运营及服务状况。

政府与社会主体之间权力分配边界的模糊，还表现在目前我国公共体育服务政府购买实践中普遍存在的公权越位现象。例如，对本地服务承接组织的过度保护，限制外来竞争者，实行差别性或歧视性待遇，基于政治优势对服务购买价格的人为压低，设置大量冗余烦琐的官僚主义行政审批程序等。行政职能的过度侵入违背了公共体育服务政府购买的公平性、竞争性原则，进一步削弱了公共体育服务政府购买中服务承接组织提高服务质量、谋求自身发展的内源性动力，降低了对公共体育资源的利用效率。

4. 公共体育服务政府购买中政府责任的履行路径

利益冲突、信息劣势等政府困境的存在，使得单纯依赖服务供给方式的市场化改革来解决政府规模性和效率问题的愿望难以实现，其主要原因如下。

（1）与发达国家相比，我国的公共体育服务市场化改革源于政府公共财政拮据的背景。虽然有研究显示政府购买的市场化服务供给方式确实能够缓解有限预算的尴尬，但这种成本的降低往往是通过私营部门的激励性薪酬、低工资福利甚至雇员身兼数职实现的，是以牺牲员工素质和服务质量为代价的。

（2）促进竞争也是公共体育服务市场化改革的重要动因。竞争的基本前提是一个拥有大量买方和卖方且相互独立、公平规范的市场。然而，对于公共体育服务一类的公共服务产品而言，本不存在预先的供给市场，为了行使公共职能，政府不得不自己创设一个市场，因而不仅缺乏足够数量的市场供给主体，而且公共职能是否成功实现也取决于那些私营部门服务供给的有效性，垄断也因此更易形成。

（3）当公众缺乏有效监督时，政府本身也不可避免地存在自利行为，表现在权力寻租、与私营部门合谋以及腐败等方面。

因此，在公共体育服务政府购买中，观念的变革比政策转向更加重要，政府需要成长为一个精明的买主，不仅要明确购买目标、购买对象及购买结果，而且要善于处理与其他社会主体间的关系，提高自身公共管理能力。

（二）合同外包模式

1. 公共体育服务合同外包的概念界定及其内涵

公共体育服务合同外包的上位概念是公共服务合同外包，是其上位概念在体育领域的延伸，在研究实践中，不同学科的学者尝试根据不同的角度对公共服务外包概念进行界定。美国学者 E.S. 萨瓦斯（E.S.Savas）对外包对象进行分类，认为合同外包仅指外包对象为私营部门和非营利部门的合同外包。杨欣表示，公共服务合同外包是政府以市场竞争等方式，以合同为载体，选择合适的社会组织来转移自身的公共服务职能。通过上述学者的观点可以确定公共服务合同外包的特征包括以下几点：(1)外包的主体：政府部门。(2)承包对象：政府之外的社会力量，分为私营部门和非营利部门。（3）使用者：社会公民。（4）外包内容：公众日常生活的公共服务和产品。（5）外包方式：以合同为载体。（6）外包目的：降低服务成本、提高服务效率、改善服务质量。（7）外包费用：公共财政，政府仅将公共服务的给生产职能转移出去，对合同另一方需要履行的效果进行监管与评估。

综合上述对公共服务合同外包的界定以及其特征，公共体育服务合同外包是指，体育行政部门经过征询、调查、收集等多种真实有效的方式，获取公民的体育需求，然后将部分可行的公共体育服务的生产职能，通过市场竞争机制，以合同为载体，交由相关私营部门或非营利组织提供，相关政府部门按照合同条款支付承包者相应的费用，并对公共体育服务提供的质量与绩效进行评估。

2. 公共体育服务外包与公共体育服务合同外包的逻辑关系

国内许多学者在对公共服务外包进行研究时，对公共服务外包的内涵界定并不一致。合同外包最早来源于民营化，是民营化产物，E.S. 萨瓦斯将民营化的方式分为三类，委托授权、政府撤资和政府淡出，而合同外包属于委托授权方式中最为普遍和常见的一种，除合同外包方式之外，还有多种方式。

公共体育服务合同外包与公共体育服务外包区别关键在于"合同"二字，公共体育服务合同外包是通过合同承包的形式实现公共体育服务外包，所以前者是实现后者形式之一，其最大的特征就是采用公平竞争、公开招标的形式选择合同的签约对象，也是区别与其他方式的关键所在。在公共服务民营化中，公共体育服务民营化大部分采用的还是委托授权的形式进行供给。例如，我国大部分公共体育服务外包实质属于民营化中委托授权的形式，其核心就是政府直接委托授权于某一社会力量，与社会力量签订契约，社会力量开始直接生产相关服务。这种方式的优势在于可以对社会力量的数量放低要求，能够减少政府公开招标的生产成本，节约政府在人、财、力等相关资源。

（三）委托代理模式

公共体育服务的政府购买，不仅是公共体育服务供给领域的创新性制度安排，更代表了我国公共服务与公共治理的重要发展方向。倡导所有权与经营权分离的委托代理理论为公共体育服务的政府购买提供了理论依据。公共体育服务相较教育、医疗、公共卫生等其他基本公共服务的特殊性，决定其服务供给不能采用直接委托代理模式，而应由公众、政府和供给服务的社会组织共同组成双重多级委托代理关系链（图4-1-1）。

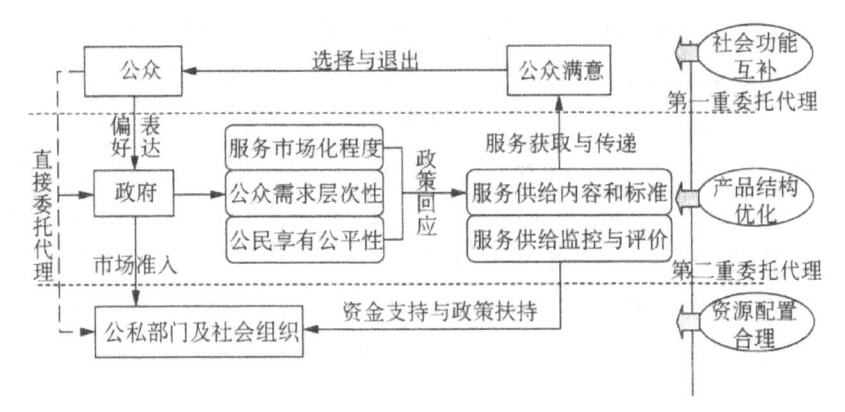

图 4-1-1　公共体育服务政府购买中的主体间关系

在公共体育服务政府购买中，多主体间的委托代理关系表现如下。

1. 直接委托代理模式

公众是公共体育服务的初始委托人，若公众将公共体育服务直接委托给政府或服务供给部门，包括公私部门、各类社会组织等，这种关系被称为直接委托代理模式。直接委托代理链中的主体有两类：一是政府与服务供给部门，二是公众。公共体育服务具有如下特性：供给的缺乏对人们生活的影响具有潜在性，需求强度系数往往低于基本生活需求，不属于医疗、教育等迫切性选择需求；供给需要政府长期的持续性投入，民众体质的改善和健康等实施效果的显现具有滞后性。因此，若政府及公共部门直接提供公共体育服务，有限的公共财政资源无法承担巨大的长期的资金投入压力，也缺乏对于民众需求的目标指向性；若私营部门及其他社会组织直接提供公共体育服务，高运营成本就意味着高消费价格，势必将挤出部分贫困弱势群体，无法实现对公众的全面覆盖。

2. 间接委托代理模式

直接委托代理模式存在一定的缺陷，由此产生了第二种权、责、利关系——更加复杂的间接委托代理模式，即包括三类主体在内的双重多级委托代理模式：公众是公共体育服务的直接消费者，也是整个委托代理链中的初始委托人，通过参与偏好表达通道将所需公共体育服务产品的生产和供给委托给各级政府，此时政府充当公众的代理人，此为第一重委托代理；政府部门在充分考虑服务市场化程度、公众需求层次性以及公平性的基础上，再通过政府购买等方式将服务供给委托给符合市场准入条件的公私部门及各类社会组织，政府负责制定服务内容和标准，确定监控及评价程序，并适度给予资金支持和政策扶持，此时政府又充当委托人的角色，此为第二重委托代理。公众凭"以脚投票"的形式将所获得的公共服务质量和内容满意程度，反馈给其代理人（即政府），作为下一个服务周期对供应方选择和退出的评价依据。另外，政府之间也存在多层级的委托代理关系，如上级政府部门将公共体育服务生产通过契约形式委托给下级政府部门，或横向的同级跨区域政府部门之间的相互委托，也有利于发挥不同政府部门的区位优势、管理优势、资源优势，促进公共体育服务资源的区域性重新配置，降低管理成本。

可见，公共体育服务政府购买中的双重多级委托代理关系链，试图通过各行为主体间关系的重塑，构建一种资源配置合理、产品结构优化、社会功能互补的新型公共服务供给格局。

三、公共体育服务市场化中政府的责任

责任政府建设的核心就在于拥有完善的政府责任追究机制，而实践中对于政府违法或失职等责任的追究主要是通过政府问责的方式展开的。问责意为进行说明、承担应有的责任，其目的在于明确责任应该由谁承担。政府问责既是对政府及其工作人员的失责行为的惩罚机制，同时也对政府履责形成倒逼机制，促使政府积极有效地进行监管。可以说，政府问责制是实现责任政府最基本的形式。而在公共体育服务市场化中要确保政府监管责任追究的实现，就必须拥有一个完整的政府问责机制，至少应该做到以下几点。

（1）广泛的问责主体，即问责主体不仅应包括内部监管主体，还应该包括人大、司法、社会舆论以及公众等问责主体。有学者指出政府问责制的基础是责任主体的确立，只有在具有影响力的问责主体能够对政府进行实质性问责时，政府才真正体现责任原则。目前我国政府问责主要集中在上级对下级问责上，问责主体同属行政内部，很难形成有效的制约。而只有保障问责主体的广泛性才能对监管机构形成问责的合理，从而促使监管机构能够积极履责。因此在公共体育服务市场化中问责主体至少应该包括人大、司法机关、监管机构内部以及社会舆论、公众等。

（2）明确的问责对象。依据责权一致原则，理论上只要是在市场化中享有行使监管权资格的主体都应当承担相应的责任。在公共体育服务市场化中问责对象主要包括监管机构及其工作人员，其中工作人员又可分成领导人和执法人员。

（3）合理的问责原则，即应当针对不同问责对象采取不同问责标准。对于监管机构而言应该采取严格的过错原则，即只要监管机构主观上存在过错，就应该承担责任。而对于领导人采取责任行为原则，即只要其实施了法定的责任行为

并造成了相应结果，就应当承担责任。因为问责的核心在于权责统一，有多大权力就承担多大责任。而在我国监管机关领导人事实上享有监管决策的权力，一旦决策失误，将有可能直接导致市场供给秩序的混乱，因此必须严格要求领导人的责任，防止其滥用监管权或者监管怠惰等。对于执行人员主要依据过错推定原则，确保执行人员审慎监管，防止恣意行为。

（4）科学的问责依据。除了以事后出现的重大问题或伤亡事故等为依据，还应当以监管绩效评估结果为依据。部分原因在于我国长期以来都存在着重结果、轻过程的惯性思维，导致问责往往以结果为导向，缺乏长远的问责效果。譬如有学者指出在实践中问责往往带着"政治运动"的性质，过于强调"大成果""直接效果"。这类做法很容易陷入运动式问责，忽略了责任意识只有在日常监管过程中才能形成。而绩效评估不仅为问责提供客观的事实依据，而且还能对那些没有造成重大损害结果的隐性监管失职进行监督和预防。与此同时在这一过程中还能将责任意识以"润物细无声"的方式融入监管的日常执法中。因此在公共体育服务市场化中引入对监管机构的绩效评估，其意义就在于将问责机制常态化，并实现问责的精确化；同时还有利于促进监管机构负责任地行使职权、强化执法人员的责任意识。

（5）有效的问责手段。目前我国在问责上惯常的做法是对执法人员进行行政处分或者要求领导人引咎辞职。这样的追责方式更多的是一种内部行政追责方式，并没有充分发挥多元问责主体的作用；另一方面单一的问责手段并不能有效地消解社会公众因政府监管失职等违法行为所带来的不满情绪，从而达到化解社会矛盾的效果。因此在问责中首先应该发挥人大的作用，通过质询、要求监管机构及其工作人员报告履责情况和罢免、撤职等手段加强问责。其次司法机关不仅应该对监管机构的行政法律责任进行追究，在监管人员失职渎职等行为为构成犯罪的情况下应当及时通过刑事处罚途径予以制裁；同时在监管机构及其工作人员的违法或不当监管造成损害事实时，应当为损害方提供救济途径，通过让监管机构承担行政赔偿方式填补损害。最后还可采取赔礼道歉、网络问政等柔性、新型方式实现问责。

（6）合法、公正合理的问责程序。问责效果的好坏某种程度上与问责程序规范与否紧密相关。程序的规范不仅意味着程序应当合法，而且应该合理、公平公正。问责程序合法在于以法律制度的方式将问责固定下来，形成常态化问责，以便问责主体依据法定的方式、步骤等实施问责。问责程序的合理、公平公正在于程序设计应当保障各方问责主体的合法权益。这其中不仅应当包括对问责主体权益的维护，还应当给予问责对象相应的权益救济渠道，比如在对监管机构的工作人员进行行政处分时，应当按照公务员法的规定给予其申诉、复核的程序救济。

第二节　乡村振兴战略下河北省农村公共体育服务市场化机制

一、河北省农村公共体育政府购买机制

（一）政府购买公共体育服务上升为国家战略

自1996年上海市向民办非企业单位罗山市民会馆购买服务，由此开创了国内政府向社会组织购买公共服务的先河，公共服务购买实践便陆续在局部地区试点应用起来。

2013年9月，国务院办公厅颁布《关于政府向社会力量购买服务的指导意见》，把"公共体育服务"列为政府购买公共服务的8个重点领域之一，标志着我国政府购买公共体育服务由地方探索上升为国家战略。2015年，国务院办公厅发布《关于做好政府向社会力量购买公共文化服务工作意见》，提出目标任务是"到2020年，在全国基本建立比较完善的政府向社会力量购买公共文化服务体系，形成与经济社会发展水平相适应、与人民群众精神文化和体育健身需求相符合的公共文化资源配置机制和供给机制"。2016年国务院印发的《全民健身计划（2016—2020年）》中提及要"制定政府购买全民健身公共服务的目录、办法及实施细则，加大对基层健身组织和健身赛事活动等的购买比重"。2017年6月16日，国家体育总局召开修改《体育法》和《全民健身条例》座谈会，意味着实现全民健康目标作为体育立法的重要内容和体育法治建设的重要任务。

总体上看，我国政府购买公共服务的相关政策不断完善，从意见到法规，整个政策体系不断向系统化、体系化发展，政策内容与时俱进，保障统筹协调的权威性、高效性和顺畅性。党与国家将人民健康放在优先发展的战略地位，政府购买公共体育服务作为保障人民健康，实现人民幸福生活的重要路径，越发受到重视与支持。

公共体育服务购买在中国的应用，是西方方案的本土化，区别于中国"以牙还牙"的同质性交换，通过契约进行异质性交换能拓展购买服务内容的空间，来满足群众多元化的体育需求。然而作为西方舶来品，简单地移植这一机制，易造

成"绞溢"现象。我国政府购买公共体育服务在全面本土化推行过程中面临了一系列基础性、结构性和专项性问题，处理这些问题必须立足于中国独特的社会环境。中国人大量的思维方式和交往方式，是以农业文明作为逻辑基础而建立的。中国农业社会关注天、地，这与当前中国社会组织脱钩改革的大环境不谋而合，当作为"天"的政府进行协会脱钩改革，不再对作为"地"的体育社会组织进行稳定的资源供给，体育社会组织尚可通过政府购买公共体育服务这种"雨"方式，储蓄生存资源，以此来保持组织活力。政府购买公共体育服务已全面本土化，但研究理论与研究范式仍局限于西方模式，亟须考察公共服务购买中的本土"中国特色"，有效提升政府购买公共体育服务的效率，优化公共体育服务供给质量。通过调适东西方理论，推动对内体育话语的嬗变。

（二）政府购买公共体育的公共性

1.价值

公共性是一个复杂的理论范畴，在这里我们仅借鉴美国学者弗雷泽对公共性含义的归纳，即与国家有关、所有人都可以进入、与所有人有关、与共同的善或者共享利益有关，结合我国政府购买公共体育服务的具体实践，对其公共性内涵作出价值维度的理解和阐释。

（1）体育公共利益的实现

政府担负着为全体公民谋取幸福的责任和使命。公共服务购买改变了政府供给公共体育服务的方式，但是政府满足公民公共体育服务需求、实现体育公共利益的责任没有改变。可以说，正是在对体育公共利益的追求与实现中所体现的"利他性"，成为政府购买公共体育服务公共性的实质所在。在这里体育公共利益的实现主要体现在两个方面，一是政府购买时持有"为民"而非"为政"的价值理念，二是通过购买满足了大多数公民的公共体育需求。如为推动全民健身事业的发展，湖北省体育局利用"去运动"服务平台与100多家运动场馆签约，通过购买方式免费或低收费对公众开放，公众的体育公共利益在这一过程中得到实现。

（2）平等合作精神的彰显

政府、公众和社会组织作为公共体育服务购买的三方主体，他们之间的平等合作是其公共性实现的重要体现。政府购买的实质在于改变了公共体育服务的供给模式，将传统的政府垄断性、指令式的供给转变为政府和社会组织之间的契约化供给，政府与社会组织之间不再是控制与被控制、管理与被管理的关系，而是通过购买合同这一介质达成平等合作关系，双方以平等的身份，通过理性的协商，共同完成以实现公共利益为价值追求的合作治理。在这一过程中,政府也应改变过去面对公众时"居高临下"的姿态,主动放下身段倾听公众的心声、考虑公众的感受。上海市政府96535公共体育服务热线的开通就是政府在公共体育服务供给中倾听公众心声、与公众平等交流的典型体现。

（3）社会公众的普遍参与

"公共性实现的过程就是不排除任何公民参加、经由理性讨论形成公共意见的过程。"由此可见,在政府购买公共体育服务的过程中,社会公众不仅是公共体育服务的被动消费者,也应该是公共体育服务供给的积极参与者,这是其公共性实现的必然要求。公民通过参与可以有效表达自身对公共体育服务的需求,让政府知晓自己的真实需要,确保政府购买公共体育服务内容与自身的需求有机耦合。社会公众通过参与还可以配合政府对公共体育服务提供主体的生产行为进行监督,减少因信息不对称而导致的政府监督盲区。社会公众的参与还体现在作为最终体验者要及时反馈公共体育服务质量等信息,为政府更好地决策、社会组织改进生产行为提供依据。

（4）公平均等价值观的体现

在政府购买公共体育服务的过程中效率尽管很重要,但是效率必须建立在公平、均等的基础之上,从属于公平、均等的目标并有利于该目标的实现,这样才能凸显出政府购买公共体育服务的公共性。公共体育服务的均等化供给是当前我国政府改善公民体育健身需求、保障民生的重要举措。其目标是要实现所有社会成员在公平的环境下以均等的机会享受到水平大体相当的公共体育服务。作为公共体育服务均等化供给的重要手段,政府购买应始终秉承公平、均等的价值理念,注重自身的均衡发展,从区域均衡、内容均衡、服务人群均衡等方面统筹安排购买公共体育服务活动,这是保证民众公平、均等地享受公共体育服务的需要,也是政府购买公共体育服务公共性彰显的必然要求。

2. 解析

（1）购买主体的公共性

体育社会组织可分为营利性体育社会组织和非营利性体育社会组织,营利性体育社会组织主要包括体育私营企业和经营性体育俱乐部,非营利性体育社会组织主要包括体育社团、民办非企业体育单位和体育基金会,而体育社团又可分为正式体育社团和非正式体育社团。根据《政府采购法》和《招标投标管理办法》,现阶段非正式体育社团即民间体育组织不具备承接资格,承接政府购买公共体育服务的主体主要是以非营利性正式体育社团和营利性体育社会组织为主。非营利性正式体育社团的公共性主要有以下体现：①非营利性体育社会社团存在的合理性或组建的价值前提便是其代表了大多数人公共利益，体现了大多数人共同的公共性价值取向，致力于整个社会的发展与进步。这是非营利性体育社团不同于其他体育社会组织的根本特征。②根据《社会团体登记管理条例》规定，社会团体不得从事营利性经营活动。因此接受社会各界的捐赠或会员自筹会费便成为非营利性体育社团生存发展的基础。从产权的角度来讲，社会捐赠或会员自筹获得的资源性质既不属于私人也不属于国有，应当属于社会共有资产。组织资源社会共有的产权属性决定了其要有明确的公益性组织宗旨和提供公共服务的非营利性，在一定领域内参与并承担公共事务的责任。

（2）购买目标的公共性

政府购买公共体育服务的目的是满足广大人民群众对公共体育服务产品和服务的共同需求，即公共体育服务需求。公共体育服务需求不是每个公民体育需求的简单相加，也不是部分社会群体体育偏好和需求的总和，而是代表了社会成员最基本的具有公共性价值的体育需求。虽然不同地域、民族、性别、年龄群体的体育需求受社会经济发展水平的影响有所不同，但人们期望通过体育锻炼达到强身健体、愉悦身心、增进交往的需求是共通的，正是这种共通的体育需求构成了公共体育服务需求的公共性价值基础。不论是政府还是体育社会组织，都是秉持"公共精神"将公共性作为其行为的最终价值观，而不是等同于一般的管理行为将效率作为唯一目标。

（3）购买内容的公共性

政府购买公共体育服务的内容是指为满足广大人民群众基本体育需求所提供的公共体育产品。公共体育产品属于公共产品，同样具有消费的非排他性和非竞争性特征。根据萨缪尔的观点，非排他性主要包括三个方面的含义：①公共产品具有消费的不可拒绝性；②公共产品消费时不可排除过多的受益人；③虽然可以在技术上实现排他，但实现排他的成本极高。非竞争性是指一个人的消费不会影响其他人消费的权力。从体育服务的特性上来看，可以分为具有非排他性和非竞争性的纯公共体育服务，具有竞争性和排他性的私人体育服务，以及介于两者之间的准公共体育服务，那些具有非排他性和非竞争性的体育服务即为公共体育服务。可见，公共体育服务是每个社会成员共享的、客观存在的公共权利，同时在供给过程中遵循着公平正义的价值，从而使得公共性内含于公共体育服务之中。

(三)政府购买过程中承担的责任

政府责任主要表现在三个层面:政府通过向社会组织购买的方式为公众提供公共服务,与公众之间形成内容给付责任;对社会组织负有制度监管和规范行为的责任,称为程序给付;政府内部也承担着问责和追责的自我管理责任,称为部门自治(图 4-2-1)。

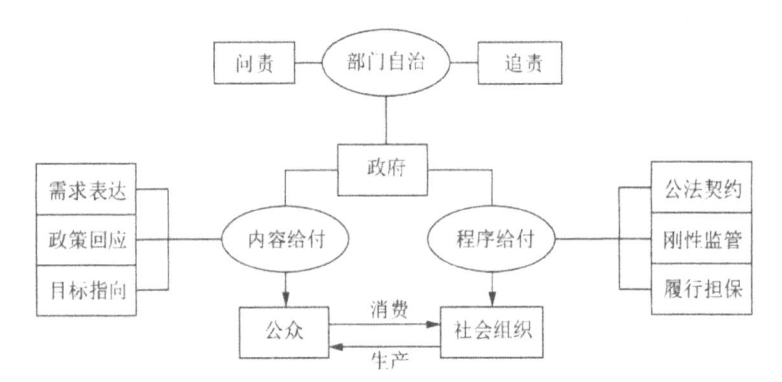

图 4-2-1 公共体育服务政府购买中的政府责任

1. 政府与社会组织

(1)公法契约

构建一个公平、公正的市场化运行环境,维护代理方的独立性与充分竞争,形成良性互动秩序是公共体育服务政府购买中政府对社会组织承担的主要职责。政府购买的供给方式,决定了政府和社会组织之间需要更多地依赖合同这一私法契约工具进行协调。理论上,政府、作为服务供给者的社会组织和作为服务消费者的公众之间存在一个三方得利的帕累托最优状态,但实践中,私法契约约束下的市场化主体往往更加倾向于追求自身利益而非公共利益。因此,政府购买的私法契约必须置于公法结构中予以实现,即考虑宪制民主国家的价值功能追求和公共目标为导向的制度框架。同时,要避免公法结构对私法契约的过度侵入,导致本应独立自主经营的市场化主体演变为政府行政职能的延伸部门。

(2)刚性监管

在公共体育服务政府购买中,政府承担着监管者、代言人和裁判者的多重角色。现行政府对于社会组织提供服务产品质量和过程的把控,仍然主要依赖现场考察、口头汇报和书面材料审核等柔性监管措施,缺乏完善的监控评估机制,服务标准难以量化,从而增加了政府对服务后期的结果反馈和管理难度,进一步削弱了公共体育服务政府购买中服务承接组织提高服务质量、谋求自身发展的内源性动力,降低了对公共体育资源的利用效率。

(3)履行担保

目前我国的公共体育服务政府购买正处于探索阶段,更多地关注解决财政与投资、转移政府管理职能等问题,却忽视了政府的"元治理"角色和公共责任,供给过程缺少指导性意见,长效机制不健全,运动化、不定期、任务化购买等现象依然存在。作为服务承接者的社会组织在实施服务供给过程中缺乏统一的、可供遵循的法律法规,更加缺乏保障性配套措施。

2.政府内部

(1)问责

公共体育服务的政府购买,从表面上看,政府出资将服务交由社会组织提供减轻了政府的财政压力和行政负担,实际上,在这一服务供给框架下,体育行政部门面临着传统的公共体育责任主体和新型服务承接主体监督的双重挑战。公共服务市场化的本质分野和争议正体现在政府责任的市场化还是服务供给机制的市场化,前者是将政府的分内职责推向市场,后者则是公共服务生产过程的市场化。发达国家倾向于服务供给机制的市场化,在引进供应方选择、价格形成等竞争策略的同时,兼顾公众的公共服务平等、免费享有权益。当政府部门的角色缺位、规则失灵与监管不力并存时,问责制的健全与否就显得尤为重要。

利益冲突、信息不对称和道德风险的同时存在,导致公共体育服务政府购买中产生机会主义和逆向选择等不规范行为问题的概率大大增加。此时,扮演一级代理人角色的政府部门与二级代理人服务供应方同是问责制的约束对象。对于政府部门而言,问责制是一种自我管理工具。对政府公务人员或部门机构行为进行监督、衡量和评价,要求清晰地界定权力的归属和边界,涵盖公法结构与私法契约间管辖范围和方式的冲突解决。对于服务供应方而言,问责制是一种激励手段,目的在于促进委托人和代理人目标一致、利益取向一致,大幅减少行政干预,推动社会组织的自我管理,以期实现公共体育服务供给主体的多元化、公私部门的功能互补和体育服务供给的有效性。

(2)追责

对政府责任的追究,应当贯穿公共体育服务政府购买的全过程。首先,明确政府购买的公共体育服务的内容、范围及形式是公共体育服务购买议程设定的逻辑起点。直至今日,"公共体育服务"还是"体育公共服务"的称谓争论依然是学界绕不开的话题。概念界定的不统一导致实践中各地政府对服务供给内涵和外延确定的差异性。其次,政府购买权力的行使,体现在对其购买对象、过程及行为的解释、选择及适用规则的制定上。

当政府部门出现履职不力或失职现象时，司法救济和行政惩戒可以成为功能性追责的必要手段。司法救济的实质在于利用法律手段对政府责任的制约，具有被动、中立和终结性特征，其要义在于法律规则覆盖的普遍性和适用性。行政惩戒作为司法救济的辅助手段，往往针对特定的公务人员及部门实行行政处罚或纪律处分，强调对象的特殊性。随着我国公共体育服务体系建设的推进和市场经济的不断成熟，未来公共体育服务供给将逐步转向深度市场化剥离。将原隶属于政府部门的部分服务提供机构进行民营化分离，将原职能部门内的公务员编制员工也推向双向选择、自由竞争的劳动力市场。伴随机构设置到人员利用的市场化运作，追责机制也将逐步从以结果为导向的外部控制转向以问题为导向的内部控制。

综上，利益冲突、信息劣势等政府困境的存在，使得单纯依赖服务供给方式的市场化改革来解决政府规模性和效率问题的愿望难以实现。政府购买的成本降低往往以牺牲员工素质和服务质量为代价；竞争不易促进，垄断更易形成；政府本身的自利行为滋生腐败。因此，在公共体育服务政府购买中，观念的变革比政策转向更加重要，政府需要成长为一位精明的买主：与公众之间形成响应需求的内容给付责任；对社会组织负有制度监管和规范行为的程序给付责任；政府内部也承担着问责和追责的自治责任。

可见，公共体育服务的政府购买不是解决市场失灵和甩掉财政包袱的魔法棒，也不是能够治愈政府规模和效率病症的万能药方，而是对政府与其他主体间权责边界的确定、关系治理以及自我管理能力提出的更高要求。

（四）政府购买公共体育服务模式

依据竞争的程度、委托主体与受托主体的关系、购买公共服务制度化程度，可以把政府购买公共服务的模式分为形式性购买、委托式购买、契约化购买三种；其核心为政府与社会组织的关系是否独立，购买中是否引入竞争机制。

1. 形式性购买模式

形式性购买是为了进一步降低成本、提高收益，确保以最小成本获得最大收益的模式。政府因时间、人员、职能所限，对一些收益难以估算的公共服务无法进行有效的成本约束，转而由政府出资建立或资助社会组织，以此来明确产权边界、便于监督。

2. 委托式购买模式

委托式购买是指政府和受托的社会机构相互独立，购买程序上由政府直接指定一个民间组织来提供服务、向其购买公共服务，但是购买过程缺乏公开、竞争程序，不采取竞争方式的一种购买模式。

政府和委托的第三方社会组织或机构是相对独立的主体；在选择程序上，政府偏向于选择有良好声誉的组织，以此降低购买风险；但是由于这个过程中没有引入竞争形式，所以这种模式属于独立关系非竞争性购买即委托式购买模式。

3. 契约化购买模式

契约化购买模式是指政府通过契约化手段向独立的第三方社会组织或机构购买公共服务的一种模式，是未来政府购买公共体育服务的发展趋势。

政府与第三方组织或机构是相互独立的，之间不存在依附关系；选择程序方面公开、透明，第三方组织或机构之间通过竞标来参与竞争，政府择优与之进行合作，第三方组织或机构依据自身优势来提供公共服务；政府与第三方根据签订的协议，对购买的内容共同承担责任，从而实现契约化购买。政府购买公共体育服务中要努力实现的，是一种独立关系竞争性的契约化购买模式。

（五）政府购买公共体育服务的优化对策

1. 规范承接程序

科学的承接机制包括选择合格的承接客体和合理的承接方式，这要求我国政府购买公共体育服务的承接机制需要提高稳定性与公开性，发挥好"反腐倡廉"的功能。我国具有承接资质的客体有营利性组织与非营利性组织。当前的承接程序主要为公开竞争型、定向选择型和公开竞争与定向选择结合型。应减少定向选择型承接程序的比例，提高公开竞争与定向选择结合型的比例。一方面，制定科学的承接能力评估指标，保障各类承接客体进行公平竞争的权益；另一方面，也需要设置承接组织的准入标准及核定资质，减少前期因公开投标造成的大量时间与人力的投入，在"优中选优"，加快效率。

另外，政府购买公共体育服务直接与公众利益挂钩，规范承接程序，首先必须完善信息公开程序，积极推进信息公开、公布工作，包括设立专门的公共体育服务信息公开工作、明确公共体育服务公开范围与标准、根据项目进展采用新媒体技术进行实施信息公开，例如开展新闻发布会、微信公众号等主动发声手段。

2. 强化购买主体的"公共精神"

强化购买主体的"公共精神"，树立"为民"，而非"为政"的购买观。公共精神主要指人们以利他方式关心公共利益的态度和行为方式。判断社会成员是否具备公共精神，关键看是否将追求公共利益作为实现自身价值的理性选择。对于公共体育服务购买而言，就是作为购买主体的行政人员是否将满足社会公众的体育公共需求作为公共体育服务购买的目的，而不是为了响应政治号召或者仅仅是让上级政府满意；是否意识到在不具备购买的外部环境和内部能力情况下的强行购买注定会给体育公共利益带来损害。公共精神作为一种价值取向，属于意识形态范畴，主要通过教育手段来感化并使之自觉习得，因此应发挥教育的作用，将公共精神作为一种信念灌输到公共体育服务购买政策制定与执行的各个环节。通过核心价值观教育、公民道德教育、专门业务培训等方式强化购买主体的公共精神。

3. 健全法律救济程序

政府购买公共服务的救济制度也是政府购买制度国际化的客观要求。全球化背景下，各国体育交流活动频发，公共体育服务购买不再局限在本国土地。为尽快融入世界政府购买公共体育服务体系，需健全与当今世界各国政府购买公共体育服务中的救济制度，这既是我国政府购买公共体育服务的短板要求，也是我国政府参与国际公共体育服务购买市场竞争的要求。

目前我国现有的救济方式多样，大致分为有公力救济、社会救济和私力救济三种类别。公力救济包括司法救济、行政诉讼、民事诉讼。社会救济包括仲裁、调解。私力救济指不通过国家机关和法定程序，而依靠自身力量或私人力量，解决纠纷，依据其解决纠纷的动机可分为报复型和处理型，其中处理型私力救济受法律保护。我国政府购买公共体育服务的救济制度呈现出行政权力主导救济的特征，政府须恪守谦抑的自觉，不可滥用惩处机制，救济手段保持内敛中立，加快建立"申办分立"的第三方救济机制，建立健全公益性诉讼制度。减少行政强制力，以柔性手段处理公共体育事务纠纷及争议，做到"法内无情，法外有情"。

4. 构建民间体育组织定向帮扶与培训机制

民间体育组织是由公民经由共同的体育兴趣爱好自愿组成的非营利性社会组织，其类型主要为体育社团、民间非企业体育单位、体育基金会，一般有非政府性、非营利性、相对独立性和志愿性等特征。与政府性体育社会组织相比，民间体育组织大多未受民政部门批准，也并未在主管部门登记，运营资金仅靠组织成员自筹，因而普遍不具备承接政府购买公共体育服务的胜任力，为避免项目流标，政府不得已采取单一购买或定向购买的方式。而民间体育组织在吸纳社会资源、促进全民健身、维护民众体育权益、凝聚社会成员向心力、弥补政府与市场失灵、满足群众体育诉求、推进社会治理等方面，承载和发挥着不可替代的重要价值功能。因此，需给予民间体育社会组织更多的定向帮扶与培训，助力民间体育组织提高其公共服务能力。措施如下：

（1）政府体育部门要改变传统观念，对民间体育组织与政府性体育组织一视同仁，筛选一批规模较大、管理制度较为完善、群众好评度高、成立时间较久的民间体育组织，对其服务水平、组织架构、发展潜力等进行综合评估，降低登记门槛，采取在街道、乡镇备案的形式，解决其身份合法性问题，帮助其转正。这是民间体育组织具备承接政府采购项目资格的第一步。

（2）组织的核心在于人，民间体育组织的服务能力最终是由管理人员的专业水平所决定的，因此政府体育部门可以定期召集民间体育组织负责人进行管理培训，或委派优秀社会组织管理人员下基层进行点对点帮扶，听取其意见与困难，做到定向答疑。

（3）政府扶植体育社会组织的途径主要有：预算拨款、政府购买公共体育服务、提供或租借公共体育服务场地等。预算拨款一般只针对具有合法资格的政府性体育社会组织，民间体育组织资金来源单一，为增强其"造血功能"，应允许民间体育组织从事营利性经营活动，如出售体育比赛冠名权的方式吸引企业赞助。政府体育部门也可将部分公共体育服务场地免费或折扣价租赁给具有发展潜力的民间体育组织。

5. 构建平等合作的伙伴关系

必须积极构建政府与体育社会组织之间平等合作的伙伴关系。"强政府、弱社会"的文化传统使我国体育社会组织发展长期处于政府的"管控"之中，"非对称性"依赖是二者之间关系的典型表现。在这种情况下，政府与体育社会组织之间很难形成平等合作的购买关系，政府购买体育公共服务的公共性也就难以体现。因此，欲使体育公共服务购买回归公共性的价值轨道，政府与体育社会组织之间形成平等合作的伙伴关系尤为重要。从政府的角度来讲，就是要尽快转变对待体育社会组织的态度，以服务、合作的心态对现有的以管控为主的体育社会组织管理制度进行改革。从体育社会组织的角度来讲，要加强自身建设，优化内部治理结构，提升资源汲取、财务管理、项目管理等方面的能力，最终通过提供高水平的体育公共服务来提高自身捍卫组织特征和与政府博弈的能力。

6. 大力扶持体育社会组织

体育社会组织是社会组织的重要组成部分之一，理应顺应改革之大势、大潮，凭借自身公益性、志愿性、灵活性以及高效益等优势积极承接公共体育服务。政府向体育社会组织购买公共体育服务，能有效将自身行政资源导入社会组织内部，在双方资源互动、信息共享中实现服务效益的最大化。目前，尚未形成长期性体育社会组织的外部激励机制，体育社会组织一旦竞标失败，则意味着失去主要的保健因素及激励因素。体育社会组织缺乏稳定的资金供给及合法性认可，则不利于体育社会组织的整体规划以及能力提升。

因此，政府需加大对体育社会组织的扶持力度。首先，政府需提高行政执行效率，减少体育社会组织的登记流程，释放体育社会组织参与公共体育服务供给的活力。其次，设立培育体育社会组织的专项基金，构建体育非营利组织的孵化基地。要加快推进政府培育体育社会组织制度化，对符合一定条件且具有提供公共体育服务能力的公益性体育社会组织在办公场地租金、社会体育指导员培训费用、公共体育服务项目成本等方面给予一次性补贴服务。

7. 构建购买信息公开与监督机制

公共体育服务信息公开与监督方式也应紧跟时代潮流，构建"体育+互联网"的信息共享监督平台。就政府购买公共体育服务信息公开而言，政府体育部门可充分利用微信公众号、微信小程序、今日头条、抖音等流量高、用户多、传播快的新媒体平台发布群众喜闻乐见的体育信息，并与"粉丝"经常性互动，吸引公众关注量，当关注量到达一定数量后，可通过平台开展广泛的公众需求调研与意见反馈。以微信公众号为例，当地政府体育部门可建立官方微信公众号，由专人负责准时准点推送体育场馆开放公告、市民体育赛事举办公告、市民体质监测公告以及运动员、教练员、裁判员、社会体育指导员培训公告等各类体育信息，收集并及时回复市民反馈、咨询、举报消息，建立回应性政府，以调动市民参与体育治理的主动性。还可利用微信小程序建立体育场地管理平台，市民可通过微信小程序直接查询周边公共体育场地或付费体育场地的开放状态，按时间段预定付费体育场地，以便捷市民体育生活。同时，此信息发布平台也是初始委托人监督平台，就政府购买公共体育服务监督而言，利用互联网+时代的信息传播与反馈的及时性加强对政府购买公共体育服务各环节的监督，从政府采集群众体育需求信息、确定招投标项目与内容、发布公开招标公告、组织安排竞标到公布各承接主体最终得分、与体育社会组织签约等一系列环节，都要厘清每个环节可能出现的风险与监督重点，形成环环相扣的动态监督链，对评选过程和最终承接主体有异议者可在名单公布三天内进行申诉或举报，情况属实者可取消该体育组织承接资格，并在一定年限内不得再次参与。

二、河北省农村公共体育服务合同外包机制

（一）合同外包机制的理论基础

1. 合同治理理论

合同治理理论以合同关系为核心概念。作为合同的当事方，政府与非营利组织、企业等具有平等的地位，符合要求的社会力量都有参与竞争的机会。在合同治理理论中，强调政府的行为不再是单向的和强制性的，而是双方自愿达成共识并签订合同。在公共体育服务合同外包中更多运用的是通过协调治理，而不是通过控制实现治理，并且作用于项目的制度安排层面，并保持相关主体能够持续互动，从而构建一个多元主体参与社会治理的治理体系，符合政府现代化治理能力的要求。

2. 委托代理理论

在公共体育服务合同外包中存在着两种委托代理的关系，第一层是存在于公众与政府之间的行政委托，第二层是存在于政府与社会力量之间的经济委托。但是，委托代理理论是建立在非对称信息博弈论的基础上的，具有契约不完备性。无论是哪一种委托关系都可能由于当事人双方信息不对称，委托人与代理人利益不同，双方容易出现欺骗行为，造成公共体育服务合同外包风险，其既是造成公共体育服务合同外包政府责任缺失的原因之一，也是政府建立责任机制必要性的理论支撑。

（二）合同外包机制的优缺点

审视市场化既需要广角镜摄取整体图景，也需要显微镜透视其运作细节。作为市场化的特定形式，合同外包被广泛应用于公共服务领域，已成为政府利用社会和市场资源生产、递送公共服务的核心特征之一。竞争机制为合同外包穿上了诱人的外衣，但人们对竞争面纱背后的真相却了解不多。合同外包的优势与风险并存，在不同的情境下构成多样化的约束条件，使改革的实践问题愈加复杂。

1. 合同外包机制的优势

合同外包的实质是运用市场或私人企业提供公共产品和服务。这种市场和政府的特殊组合，因双方各自拥有的优势及内在缺陷，对合同外包的实现提出了一系列的挑战。节约成本一直被视为合同外包的最大优势。私人承包商主要通过三种手段降低成本：其一，在人员雇佣上拥有更大的灵活度，采取更具激励性工资制度；其二，通过资源共享、设备设施和人员的循环利用摊薄单位成本；其三，

降低支付给工人的边际福利。然而，外包也并不总是意味着价低质优。据报道，石家庄市政府曾经尝试通过代金券的形式将养老服务外包给社会组织，以提高财政资金的使用效率、节省人力。但据称市内仅有"星光家政服务公司"一家可提供保健、保洁等相关服务，价格也很高。最终手持代金券的老人们不得不忍受"星光"的高价格和"只能将就"的服务水平。缺乏有效的监督和跟踪机制，权力寻租、地方保护主义甚至腐败等问题在政府公共服务外包中频繁出现。随着政府外包服务的普及，收益可观的政府购买项目往往吸引了远超过政府需求数量的竞标者，在利益驱使下，部分企业开始向发包单位的主管专家和评委行贿，同时为了维持与政府的长期合作，还要维护好与项目涉及的监管、监督等部门官员的关系。因此，当人们发现政府无法有效监管和约束外包企业，服务水平提高有限，政府购买成本及消费者使用成本却节节攀升时，学者及媒体对监管部门的不作为乃至政府的公信力提出质疑就不足为奇了。

市场往往不是充分配置资源的有效机制。保证市场的有效运行依赖于一些理想化的前提条件，比如：买卖双方需保持距离以避免私下交易；交易商品同质，即从任何一家供应商那里都能买到同样的商品；市场上存在大量的买方和卖方，避免出现寡头垄断，促进价格激励。市场失灵常常会破坏这些前提，也是政府干预市场的主要理由。可见，自由市场竞争是一个不稳定的概念模型，一旦市场出现缺陷，政府有理由干预市场，此时公共权力与私人权力之间的平衡是达到效率的关键，针对不同的市场，表现出不同的公私关系。

2. 合同外包机制的缺陷

美国学者唐纳德·凯特尔曾从"供给方缺陷"和"需求方缺陷"两个维度，对合同外包面临的约束进行理论概括。第一类因为向政府提供产品和服务的市场所存在的缺陷而产生的市场失灵，或者来自私人供应商行为，或者来自市场结构本身，称为"供给方缺陷"；第二类因为政府作为购买方的自身行为缺陷造成的市场失灵，称之为"需求方缺陷"，即供需双方因各自缺陷的程度产生多种组合方式，表现出多样化的市场关系。

（1）供给方缺陷

①成熟的竞争市场未必存在

在完善的竞争市场进行产品和服务的购买，政府能够像其他顾客一样谈判出最好的交易，因为市场竞争本身会对产品界定并保证产品的低价格和高质量。比如，政府采购办公用品或清洁服务等大众产品，都可以找到成熟的市场与其他私人买主一样参加竞标。市场本身可以帮助定义产品，而竞争又能保证产品的低价高质。但竞争市场的存在需要一系列的条件，比如，对于军事装备、监狱等产品和多数公共服务而言，政府是唯一的需求者，成熟的市场未必存在，需要政府自身形成或建立一个市场。由政府负责定义产品、确定价格，并设定质量标准和性能评估，培育竞争市场，对于航空器、军事武器等特需产品而言，这些行为于政府来说很难实现。

②卖方之间竞争水平比较低

政府需要的产品市场非常容易为少部分供应商所把持，产生一个垄断寡头操纵市场价格，垄断厂商不断追求降低边际成本增加单位回报，政府不得不支付较高的价格以获取垄断厂商的服务，比如，政府对某些大型计算机软件系统开发公司的依赖，而其他中小规模厂商无力抗衡。当市场上仅存在少数供应商的情况下，政府同样会陷入两难局面。如果将合同全部交由其中报价较低的竞标者，会导致其他供应商退出市场，结束竞争，政府从而在接下来的购买中将不得不受制于一家供应商的垄断。如果将合同分包给市场上的供应商，虽然能够保证所有的供应商都生存下来，但政府又无法避免地面临着因所有供应商结盟抬高价格而支付较高费用的风险。政府创造的专需品市场还可能面临技术保密、资金高昂、政策安全、政治支持等多重壁垒，阻止新供应商的进入，造成市场长期处于竞争不完全状态。

③合同外包会产生特殊的外部性

合同外包会产生特殊的外部性，即额外的成本与效益影响。从私人市场购买产品和服务以后，政府可能还会面临供应商带来的环境污染等外部性问题。政府无法通过合同契约来有效控制外部性问题。

（3）需求方缺陷

政府扮演产品和服务的购买者，也面临诸多难题，如无法明确定义产品而在合同中含糊其词，无法获得承包商的准确信息而决策失误。"需求方缺陷"同样表现在多个方面。

①定义产品的难度

通常情况下的竞争市场，买方能够确定想要购买的产品，确定合理的价格并设定质量标准。对于政府来说，往往所购买的产品或服务事先并无确定的标准或费用，完全依靠供应商的判断。最终产品也未必体现了市场对买方需求的回应，因为合同契约是政府与供应商之间的协议同盟，这种同盟关系破坏了买卖双方相互独立的竞争性市场规范。

②产品信息的匮乏

在竞争性市场中,买方可以通过市场上关于所供产品价格和服务质量等信息,自行寻找、比较和选择最具吸引力的产品,一定程度降低了供应商隐瞒回避产品缺陷的风险,但政府的许多项目可能没有明确的目标,或处于技术探索阶段,市场无法提供充分的选择信息,除非依赖技术专家,否则政府无法独立评判产品和服务质量。而技术专家们往往会选择薪酬待遇更加有吸引力的私人部门,政府的服务评价和质量控制能力进一步被削弱。

③委托代理的复杂性导致监管失灵

委托代理关系及其产生的问题在企业管理领域同样存在,但对于政府而言具有特殊的复杂性。当市场参与者的范围扩大到涵盖政府官员、行政人员、公民和供应商后,关系的复杂性呈指数递增。政府内部的政治环境有时充当重要的影响因素,制约或改变其他市场行为并扭曲合同关系。不同层级、不同部门之间的内部沟通不畅是造成政府内部性交易成本增加的主要原因。

④多重代理导致价值目标错位

合同的激励机制驱使供应商不仅要满足合同确定的目标,还要迎合评价其目标完成程度及绩效的政府官员。从这个意义上说,政府公共服务的对象从广义的民众变成了合同特定的管理人员,少数行政人员的管理目的代替了民众的服务需求。

⑤政府契约能力的缺乏导致话语权的丧失

合同外包意味着政府将公共产品和服务的供给权委派给私人部门,私人部门在知识、信息、专业技术等方面拥有明显优势,实践中很多外包合同的条款设计者是私人部门而非政府。

(3)供给方缺陷和需求方缺陷的组合

供给方缺陷和需求方缺陷以不同的方式组合,呈现多样化的约束条件,决定了合同外包的项目抉择以及面临的挑战和管理难题。来自卖方和买方的两类市场缺陷解释了公私伙伴关系出现的效率低下和管理悖论。当市场缺陷增加时,政府的管理负担和交易成本也会随之增加。合同外包并不意味着政府将内部职能转移给市场组织,从而达到管理责任的减轻;相反,对合同以及市场供应商的监管使政府面临着更大的挑战。政府要有能力区分不同市场表现出的不同问题,用不同的方式管理协调与供应商之间的关系。越来越广泛的对私人部门的依赖,对政府的自身管理能力提出更高的要求。

（三）合同外包机制中政府扮演的角色

行政体制改革的深化要求政府职能转变的加快，"服务型"政府在公共体育服务合同外包中的作用日益突出。政府在公共体育服务合同外包中的角色变化也改变其中责任。

1. 合同主体参与者

由于合同的法律性质，政府的行政特权便会弱化，即使公共体育服务合同外包属于行政合同，但是在合同的履行阶段，双方的地位更倾向于平等化，都需要履行具体义务与责任，与传统政府的优势地位和特权角色设定发生较大改变，但是政府的行政特权并未真正丧失。政府作为合同主体的参与者，其行政特权转化成为对合同履行的监督、管理，对合同内容、合同承接对象的决策权，以及对不履行或不适当履行合同义务的主体享有制裁等其他权利。

2. 间接提供者

公共体育服务合同外包是政府体育部门根据公民的体育需求，将部分公共体育服务和产品的生产职能，通过市场竞争机制，以合同为载体，交由私营部门或非营利组织提供，政府部门按照合同条款支付承包者相应的费用。由此可以看出，即使公共体育服务的生产职能被外包给社会力量，但是政府仍然承担向公民提供其相关职能，不过是从直接提供者变为间接提供者。并且不会因此改变政府的主体责任，相反，政府职责会增加。间接提供与直接提供最大的不同就是政府在不参与公共体育服务和产品的生产环节，对提供的公共体育服务和产品无法及时确认的情况下，政府部门必须对社会力量所产的公共体育服务和产品进行监管、评估。

3. 决策制定者

政府决策制定者的角色非常关键，政府每一个决策和规划都会影响到公共体育服务的使用者公民的使用感。可以说在公共体育服务合同外包中，政府实际上是在替公民做决策，选取更加优质的服务与产品。提供什么、怎么提供、提供数量和质量都需要政府进行决策，当传统公共体育服务提供方式转变为公共体育服务合同外包的方式之后，政府不仅决策公共体育服务提供什么、如何提供等一系列内容，还要根据其适用范围选择提供的项目。政府部门选择合同外包不仅要考虑交易成本、监督成本和是否存在竞争性市场等多种前提，还要结合各个地方的经济发展水平和当地公民体育需求，多方面综合考量才能制订出科学的公共体育服务合同外包项目目录。除此之外，政府还需要根据合同外包的项目确定更适用于竞争性合同外包还是非竞争性合同外包，并规范地制定公共体育服务外包合同的内容。

4. 合同监管者

监管可以拆分为监督和管理两层含义，所以政府在公共体育合同外包中具有合同监督者和合同管理者两个角色。政府对公共体育服务合同外包的监督不可或缺，因为社会力量的天然属性决定着它是以营利为目的，追求自身利益最大化，这与政府本身选择公共体育合同外包的目的不同，基于这个天然属性，社会力量可能会偏离公共目标，对公共体育服务合同外包中所要完成的工作偷工减料，逃避公共体育服务合同外包的社会责任。因此，为了促使社会力量更有效地履行合同内容，政府应当成为公共体育服务合同的监督者，通过合同本身的法律效应，对社会力量进行监督。政府对公共体育服务合同外包的管理至关重要，由于公共体育服务合同外包的合同主体有一方为行政机构，并且其目的是给公民提供高质量和高效率的公共体育服务，所以公共体育服务合同外包属于行政合同范畴。从政府自身层面来讲，行政合同的目的是实施行政管理，行政主体签订行政合同的目的是实现行政管理职能，维护公民的公共体育服务利益。公共体育服务合同外包的流程复杂，有些工程和项目时间周期长，政府如提前做好公共体育服务合同外包管理者的角色，就可以对各个环节提前规划，明确公共体育服务合同外包的整体程序，节省不必要的成本，避免资源浪费。

第五章　乡村振兴战略下河北省农村公共体育服务均等化机制

本章内容为乡村振兴战略下河北省农村公共体育服务均等化机制，主要从两个方面进行了介绍，分别为公共体育服务均等化机制概述、乡村振兴战略下河北省农村公共体育服务均等化机制。

第一节　公共体育服务均等化机制概述

一、体育公平

公平是社会学的概念，同时体育公平是公平的下属概念，因此对体育公平下定义必然要基于公平的内涵，是逻辑必然。

（一）公平

1.公平的含义

在日常生活中，"公平"与"正义"常结对出现。相对于"正义"概念的道德哲学显现，更为直观和具有操作性的"公平"就成为人类社会的主流价值。实际上，正义才是人类的终极理想诉求，公平只是正义的一种价值形态。

对正义问题的探讨起源于人类对道德和价值问题的思考。古希腊的哲学家们将正义视为个体心灵的最高德性，是节制的欲望、勇敢的意志、智慧的理性三者的和谐统一，并认为国家是由一定数量的个体组成的，因此，对个体的正义要求同样适用于国家正义。现代正义理论的奠基人罗尔斯认为："正义是社会制度的首要价值"。正义被上升为关乎人的价值尊严及发展的根本问题范畴，体现为人类对于自身本质以及权力、财富、美德等其他生活价值的确认。任何社会制度与社会规范的制定都应符合正义的人性追求。

在《现代汉语词典》中,"公平"的定义是"处理事情合情合理,不偏袒哪一方面"。在生活中,公平的含义更加广泛。不论是人与人之间、群体之间、国家之间,公平都意味着对等互利、礼尚往来、付出与所得平衡。相对于正义的整体性存在与否的场域判断,人们更加关注对公平的标准衡量。由于公平兼具正义理性和现实依据,通常被理解为贯穿于社会活动的起点、过程、结果中。起点公平,也称机会公平,即所有人具有均等的权利和事实可能性;过程公平,意味着规则一致,即所有人的行为和程序遵循同样的约束;结果公平,即回报适度,所得相对于付出的比例相当。尽管人们竭力追求最具普遍意义的公平,然而这种抽象的公平在现实生活中并不存在,事实上的不平等才是社会常态。如著名经济学家詹姆斯·布坎南所言:"在私有财产和契约组成的法律架构里,受到市场机制的制约,经济竞争的不公正往往来自天赋。因为在规则和选择发挥作用以前,人们首先是带着天赋进场的。"既然无法界定广泛的普适性的公平,形而上的本体论意义就成为人们对公平观念的解读。罗尔斯认为,最广泛的基本自由权是平等的第一前提,利益是衡量不平等的依据,人的权利是否平等是衡量的根本尺度。因此,本体论意义上的公平,是特定历史条件下人与人之间的关系状态。这种对关系状态的主观把握,存在于不同历史时期人们的观念中,基于特定的社会生产关系具有不同的认识标准。

探讨公平意义设定的前提,就是为政府运用公共政策调节社会利益关系提供参照依据。在社会生活中,处于不同社会地位的个体和群体具有不同的利益要求,需要政府对全社会的价值做权威性分配。公平意味着价值或公共资源分配的合理性。合理性的标志以特定的社会共同体中绝大多数人的认可为准。为了实现绝大多数人的认同准则,如何避免掌握大量社会资源的强势群体单向话语权左右公共政策,如何保障弱势群体的利益诉求表达和决策参与就成为政府面临的严峻挑战。

在公共体育服务领域,公平正义的价值诉求主要体现在对公民主体地位的认同,对公民享有体育权益的确立,对其参与公共体育事务决策的保障,对公民体育需求的满足与回应。公众是公共体育服务政策制定中不可忽视的主体。

2. 公平与效率关系

从世界各国的改革实践来看,追求公平往往意味着牺牲效率,而追求效率又不可避免地需要放弃公平。对于政府而言,公平与效率之间一直存在着统一与平衡的两难选择。

从公平的本质属性来看,公平本身就蕴含着分配的不平等。按照美国学者德博拉·斯通(Deborah Stone)的观点,公平悖论主要表现在以下四个方面。

（1）对分配公平标准的判断，有学者强调以过程论，也有学者强调以结果论。不论是过程还是结果，标准不同都将影响对公平的评价。

（2）公共政策需要对分配进行干预以实现分配公平，然而干预的程度涉及公共与私人之间的自由空间界限划分问题。持过程论观点的人认为自由就是按照自己的意愿处置和利用自己的资源，不受他人干扰和控制，因此不支持政府运用公共权力进行资源再分配。持结果论观点的人认为自由是建立在丰厚资源基础上的自愿选择，强调选择权的非强迫性和获取资源的保障性，因此支持政府发挥再分配职能。

（3）财富创造的主体性归于个体还是群体。过程论认为个体是财富创造的主体，因此需要尊重个体获取与使用的自由，不需要政府再分配；结果论认为个体能够创造的财富仅占社会总价值的一部分，还有一些重要价值需要群体的通力合作才能创造，因此，政府有必要进行再分配以确保个体获得财富的途径。

（4）个体从事社会生产活动的动机。有人认为个体进行生产和创造活动的目的是满足自身的需要，参与社会分配将会打击个体的劳动积极性，从而降低社会生产力；也有人指出在基本安全得以保障的情况下，再分配有助于提高人们的主动性和创造性。

公平本身具有的悖论属性加剧了公平与效率之间关系平衡的难题。对于效率的测量同样受到了学者的抨击。因为经济学家普遍认为，实现效率必须通过市场进行资源交换，而市场本身就存在悖论，如垄断、信息不对称、外部性和公共物品等市场失灵问题。市场交换依赖于政府要对所有权作出法律界定，还要为交换行为的契约履行提供保障，如果脱离政府，市场交换就无法实现。因此效率问题面临着政府与市场的双重挑战。此外，通过市场进行资源交换仅是众多类型社会活动中的一种，人们进行交换的目的有时也不仅仅为了取得价值，还可能来自工作本身带来的愉悦感和成就感，或者通过与他人合作创造价值的满足感。可见，市场交换是不是实现效率的必要途径在学界还存在争议。

对于公平与效率之间的关系，政府通常无法摆脱钟摆式的公共政策波动。以改革开放为界，我国公共政策经历了从公平至上但影响效率的"大锅饭"阶段，到效率优先兼顾公平的"抓住老鼠就是好猫"阶段，在效率取向的推动下，社会生产力被有效释放，社会财富大幅增长，国力显著增强，人民生活水平大幅提高。然而，随之而来的贫富差距和地区差异问题凸显，人们开始反思效率与公平之间的最佳平衡点，在"以人为本"思想的指导下，公共政策再度回归到追求公平正义的价值体系。

学者们也致力于探索将公平与效率相统一的可行途径。有一种观点认为，公平作为主观价值判断，主要依赖于人们的认同，或者说是社会共同体中绝大多数人的认同，这可以成为其在不同历史条件下通用的客观标准，可称为社会认同。如果某个公共政策的设计针对特定行为或过程进行规范并得到广泛的社会认同，则可以认为该政策具有一定的合理性。相对于绝大多数的不认同，广泛认同可被视为更接近于公平衡量的判断标准。关于效率的解释也可以基于同样的逻辑推理，如果某个公共政策设计得到广泛认同，通常也会激发人们的工作热情，从而提高社会劳动生产力，提高生产效率。可见，公平和效率在社会认同层面得到了统一。效率是公平的基础，效率的积累为公平向更高内容、更深程度的发展提供依据；公平是效率的前提，公平的协调整合功能促进全社会效率的提高。

（二）体育公平

基于公平的含义，体育公平是指一种价值观念，体现了人们在政治、经济、教育、文化等方面个人知识总和的思维反映以及人与体育关系的认识。实际上就是人们体育权力、体育机会、体育规则、体育资源分配等维度的公平。体育公平从某种意义上来说是对体育现象的评价，同时对于人们参与体育活动提供了道德和法律约束，影响人们体育活动的观念和行为。体育公平的核心就是公正平等，不仅在竞技赛场上需要公平公正，在学校体育、社会体育和家庭体育方面都需要公平公正，体育公平是维护社会稳定的强心剂，能够与新时代共享协调发展理念高度契合，对提升人们生活质量有较好的效用。

（三）体育公平内涵

在探究体育公平内涵和结构的过程中，学者试图从探究社会公平的内涵着手，再深入探讨体育公平的内涵。体育公平与社会公平具有逻辑上的层次关系，体育公平既具有社会层次的公平内容，同时也具有体育层面独特的公平的内容，体育与交通、政治、经济等领域交叉重组，构成社会公平的完整内涵。人们享受到平等的权利和公平公正的机会是体育公平的深层核心。体育权利平等，是指各方面人们都能够平等地享受体育服务的权利；体育机会公平公正是指人人都能够有相同条件和机会享受公共体育服务，不受其他任何外界因素的干扰。体育公平可解释为国家对有形和无形的体育资源进行分配时协调每个人之间利益关系所依照的合理性的规范、原则，其内涵同样包括三个部分，一是起点公平，二是过程公平，三是结果公平。体育公平自始至终都围绕着公正平等为核心，促进体育融入建设和谐社会的建设进程中。对体育公平的内涵的探究是对体育公平的运行机制、政策保障、资源供给、领域差异等进行全方面研究的前提，学者们据此对体育公平领域产生问题的原因、解决路径等展开深层次的研究，并取得了丰硕的成果，但是对体育公平的新时代内涵的研究始终是一个缺口。

（四）体育公平模式研究

随着人们对体育公平观念的重视程度不断加深，推动体育公平研究向前发展，学者们提出了体育公平相关领域的模式，例如城乡公平模式和性别公平模式等，旨在促进城乡区域体育公平，解决男女生理条件差异而造成的在体育参与过程中造成的不公平问题。在体育教育领域，朱荣臻研究得出的城乡二元基础教育模式导致了城市的教育资源远远领先于农村地区，在体育器材配置上的差距显而易见，这就使城乡学生在体育需求满足上无法平衡。而在体育产业领域，黄琳、周超提出把体育产品分成两大类，第一类是由政府机制配置业余的体育产品，第二类是由市场机制配置的职业体育产品，这种二元配置模式是我国较公平的资源配置模式。因此，应当积极创新体育各领域的体育公平发展模式，在各领域寻求体育公平发展路径新突破，通过实行新的体育公平模式，全方面促进体育事业公平发展。

二、公共服务均等化的演变过程

（一）社会权利与公共服务

公民的社会权利与公共服务密切相关。生活性服务、事业性服务、保障性服务是社会基本公共服务的重要内容。通常关系民计民生的公共服务需求，即是广大民众最为迫切需要的。公民的社会权利是公共服务供给的法理依据。我国城乡分割的二元体制现状极大程度地限制了城乡社会公共服务的均衡供给。农村公共服务供给的滞后，某种意义上反映了对农民社会权利的剥夺，以及农民与其他社会群体之间社会关系的差异性恶化，不利于社会秩序的安定和谐。实现公共服务的均等化供给是维护公民社会权利平等的重要标志。社会权利的平等保障需要以破除城乡二元结构为前提。城乡一体化概念的提出正是对缩小城乡公共服务供给差距、实现城乡居民社会权利平等的有力支撑。

关于社会权利的描述最早可追溯至17世纪的欧洲。1601年，英国颁布《济贫法案》，将国家层面对民众的救济行为与一般的慈善捐助区别开来。尽管该法案并未更加细致地探讨这一救济行为背后的国家职能与对象覆盖，但仍被视为社会权利观念的早期萌芽。随着人们对自然权利的认识逐渐深入,自然法的不断完善和改进推动着社会权利观念的转型。曾任美国总统的托马斯·杰斐逊将"追求幸福的权利"作为人的基本权利列入《独立宣言》,实现了传统社会权利观念向现代社会权利观念转变的一大进步。进入19世纪,社会权利观念愈加得到国民关注。1834年,英国修订并实施新版《济贫法案》,明确获取社会救助是公民的合法权利,即认同生存的权利人人生而有之,救济则属国家和社会的法定义务。英国社会学家托马斯·马歇尔(Thomas Marshall)可谓社会权利观念的奠基人。他提出公民资格理论,主张公民权利、政治权利和社会权利同属公民资格,且社会权利包括公民受教育、医疗、福利等方面的权利。美国学者托马斯·雅诺斯基(Thomas Janoski)将社会权利具体化为个人权利的集合,并区分了不同类型社会权利的性质和内容。

公共服务供给是保障公民社会权利实现的重要途径。政府及公共部门通过提供公共服务,从国家意志的角度确认公民获得各类社会需要的正当性与合理性,将公民享有公共服务视为不可侵犯和不可剥夺的法定权利,使公共服务的供给具有了法理依据。

在国家层面,公民的社会权利归化为人格的一种外在表现,并通过法的形式加以确认。对人格的尊重等同于对社会权利的认可。社会权利的平等,归根到底就是基本人权的平等,尤其是社会资源配置的平等,即人人平等地享有获得社会资源的权利。而资源配置平等的正当性通过人类社会的制度安排与价值取向来体现,公共服务的均等供给就是其中一项标志性的制度安排。

(二)城乡二元结构与城乡一体化

我国公共服务供给的不平等突出表现在城乡差距上,其根源在于延续已久的城乡二元体制结构。城乡分割削弱了农民的权利分享和服务获取。如法国学者皮埃尔·斯特罗贝尔(Pierre Strobel)所言,公民没有或缺少社会权利,将导致陷入普遍而持续的不利状态,甚至影响参与社会和职业的机会,最终沦为弱势群体。对公民社会权利的剥夺,等同于否定其公民身份。不同利益群体之间社会资源的不均衡或不恰当分布导致的不平等,常常成为瓦解社会安全秩序、造成社会冲突与矛盾的导火索。

城乡二元结构是发展中国家从传统的农业社会向现代工业社会过渡时期出现的一种经济形式。当城市经济已经进入工业社会化大生产阶段,而农村经济仍处于个体家庭式小生产模式,就出现了城市与农村的经济结构分割并存,即城乡二元结构。我国的城乡二元经济还受到其他社会制度的制约，如现行的户籍制人为地区分了居民身份——城市居民和农村居民，使农村居民和城市居民在劳动收入、就业渠道、消费水平、教育医疗、社会保障以及公共事业投入等方面均存在较大差异，加剧了二元结构的固化。

我国城乡二元结构的出现有其深刻的历史背景和时代条件。计划经济体制下的中国，为了迅速振兴国力、防范外敌，优先发展重工业是那一时期的战略选择。从中华人民共和国成立初期实行粮食"统购统销"以农产品补贴重工业资金，到防止农村人口盲目外流，再到1958年出台并沿用至今的《中华人民共和国户口登记条例》（以下简称《条例》），政府从国家层面对城乡二元户籍制度予以确认，正式形成"农业人口"和"非农户口"的分类。该《条例》也是目前我国关于户籍管理的唯一法律层级的文件。需要指出的是，该《条例》的出台，归因于20世纪50年代计划经济体制下社会生产力水平普遍低下，受限于社会物资的匮乏，人们的衣食住行等生存权利无法实现全面满足，不得不依赖人为设置的身份差异以区别享有物质分配权。长此以往，对城市投入的大幅增加和对农村投入的严重不足，造成今天我国城乡公共服务供给不均的基本格局。

改革开放以后，市场机制的广泛介入，社会生产要素及产品主要通过市场作用配置，户口所承载的与生存权利相关的资源分配权被大大弱化。政府出台了一系列惠农扶贫政策，试图建立以工促农、以城带乡的城乡经济社会发展一体化的新的长效机制；同时加大向农村地区输送公共服务，加强公共设施建设的力度。然而城乡二元结构的消除，是一个长期而艰巨的过程。优化公共服务供给机制、丰富公共服务供给内容、扩大公共服务供给范围、拓宽公共服务供给渠道、提高公共服务供给效果，需要政府具备更高的公共服务供给能力。

城乡一体化概念的提出，是对寻求破除城乡二元结构壁垒路径的有益尝试。恩格斯曾经对"城乡融合"一词作出阐述，认为"通过教育和职业的变换，消除旧的产业分工格局，使城乡之间融合，所有人能够共同享受创造的福利，全体社会成员才能得到全面发展。城市和乡村的对立也将彻底消失"。他认为城乡融合的关键点在于城市居民和农村居民之间不再有阶级差别和人口分布的不均。我国的城乡一体化涉及的范围更加广泛，除户籍制度、教育医疗、社会保障以外，还包括土地使用、公共文化、社会习俗等。如何在较发达的城市和相对落后的农村之间实现生产要素的合理流动、资源配置的优化组合、城乡经济与社会生活之间的紧密结合与协调发展，最终实现城市和乡村的无差别发展，就成为解决目前我国城乡二元结构问题的基本思路，也是公共服务供给均衡化的必然结果。

基于现实国情，我国公共服务的城乡一体化需要着眼于三个方面的治理：平等开放的供给对象，城乡统筹的供给规划，以及合作互利的供给主体。首先，改变现行的城乡区分的户籍制度壁垒。打破与身份等级相挂钩的机会与成果享有权，实现真正意义的社会权利平等。其次，打造一体化的供给平台，统筹规划公共服务供给的规模、结构和布局。建立城乡公共服务一体化供给的财政机制，完善对农村地区的资金支持与转移支付，合理划分不同种类的公共服务投入比例，优化公共服务供给的内在结构，建立合理的公共服务融资机制。最后，公共服务的城乡一体化有赖于政府、私人部门、社会组织共同建立多元供给格局。以国家整体利益为前提，兼顾地区差异，通过政策设计和制度创新，扶持、引导和规范社会资本在公共服务供给中发挥积极作用。

（三）公共服务均等化

推进基本公共服务均等化是中国保障和改善民生工作的核心内容，党和政府对此项工作非常重视。2006年，国家"十一五"规划纲要首次从国家层面提出基本公共服务均等化；随后，中共十七大、十八大和十九大党代会报告以及国家"十二五""十三五"规划纲要等都明确提出推进基本公共服务均等化，为此国务院还专门印发了《国家基本公共服务体系"十二五"规划》和《国家"十三五"推进基本公共服务均等化规划》等推进基本公共服务体系建设的综合性、基础性和指导性文件；2018年，中共中央办公厅和国务院办公厅联合印发《关于建立健全基本公共服务标准体系的指导意见》，以促进基本公共服务均等化、普惠化、便捷化。这些会议精神、规划报告和政策文件等都明确指出享有基本公共服务是公民的基本权利，推进基本公共服务均等化就是让全体公民都能公平可及地获得大致均等的基本公共服务，是不断满足人民日益增长的美好生活需要、不断促进社会公平正义、不断增进全体人民在共建共享发展中的获得感的重要途径。实现公共服务均等化不仅涉及地区间和城乡间公共服务均等化，也包括城市内部公共服务均等化。由于城市内部公共服务分布不均衡和优质公共服务资源相对匮乏，造成政府公共服务供给与居民公共服务需求匹配错位，难以充分实现公共服务均等化目标，影响政府公共服务供给绩效和居民社会信任。因此，科学测算中国城市内部公共服务均等化水平，分析其空间差异和收敛特征，有利于更好地促进城市内部公共服务资源合理配置与调整，切实增强人民群众的获得感和幸福感，为有效制定实现基本公共服务均等化政策提供理论依据和科学参考。

三、公共服务均等化相关政策

2005年10月党的十六届五中全会首次提出"公共服务均等化原则",2006年10月中国共产党第十六届中央委员会第六次全体会议通过《中共中央关于构建社会主义和谐社会若干重大问题的决定》指出:"要建立完善的基本公共服务体系,努力实现人人享有的基本公共教育、科技、卫生、体育、知识产权和人口与计划生育等服务"。"十一五"以来,基本公共服务标准化建设取得了明显成效:城乡免费义务教育全面实施,国民平均受教育年限达到9年。基本实现县县有文化馆、图书馆,乡乡有综合文化站;广播电视全面覆盖20户以上已通电自然村,公共图书馆、文化馆等公共文化设施逐步向社会免费开放。全民健身稳步推进。但基本公共服务供给不足、发展不平衡的矛盾仍然十分突出。

随后十八届三中全会提出"推进基本公共服务均等化",2012年国务院印发《基本公共服务体系"十二五"规划》将全民健身公共服务内容纳入国家基本公共服务体系。2014年国务院下发了《关于加快发展体育产业促进体育消费的若干意见》将全民健身上升为国家战略。截至2015年,九年义务教育巩固率达到93%;覆盖城乡的社会保障体系进一步健全;基本公共卫生服务项目增加到12类;现代公共文化服务体系建设积极推进,农村公共文化服务能力增强,全民健身活动蓬勃开展,广播、电视人口综合覆盖率均达到98%。但我国基本公共服务还存在规模不足、质量不高、发展不平衡等短板。

四、公共体育服务均等化

(一)公共体育服务与公共体育服务均等化

近年来公共体育服务热的现象加快了公共体育服务研究的进程,产出大量研究成果。公共体育服务是以政府部门为主导的多元化供给主体,以社会公共利益为目的,为满足社会公共需要而提供各种公共体育物品和服务。公共体育服务均等化是指以政府部门为主导的多元化供给主体,以维护人民群众利益为目的,为全体社会成员提供大体一致的公共体育服务。均等化与公平公正有相似的内涵之意,则认为公共体育服务均等化是指在某一行政区域内,所有的群众享受到的公共体育服务大体相同、均等。这里的均等不是绝对的均等,二是相对的均等,在追求公共体育服务均等化的过程中就是要允许有差异的公共体育服务均等存在,但是要尽量避免差异,使全体公众能够享受均等的公共体育服务。公共体育服务均等化的目的就是促进公共体育资源公平公正配置，使公共体育服务的结果大致相等，并不是简单的平均化和无差异化，其空间和时间上公共体育服务都必须注重公平公正。公共体育服务不均等对于群众的满意度会产生巨大的影响。

（二）公共体育服务均等化理论研究

公共体育服务均等化主要表现以下几个主要特征：全体社会成员拥有平等的机会、各区域体育资源分配公平公正、公民能够自主享受服务的内容。公共体育服务均等化是我国群众体育事业发展的总体趋势，是以公平公正为核心，是促进基本公共体育服务覆盖范围广、服务内容全面、服务人群均等的重要价值取向。近年来，我国学者对公共体育服务的研究主要集中在内涵、意义、问题、解决路径以及模式选择。政府在提供公共体育服务时，总体把控公共体育的发展路线，为实现公共体育服务均等化发展，应提供无差别的公共体育产品和公共体育服务，具有公益性、公平性、广泛性、基本性和长久性的特点。基本公共体育服务均等化是弥补城乡发展断层的"黏合剂"，是建设体育强国的"加速器"，是公共体育资源的"共享工程"，是铺筑民生体育的"幸福路径"，同时要吸取国外发展的经验，扩大覆盖范围，提供制度保障，加强硬件建设，创新供给机制，促进我国基本公共体育服务均等化。农村公共体育服务是推进均等化的一块硬石头，造成此现象的要素众多，城乡二元制度、分税财政体制改革不到位、农民意识等因素是阻碍均等化进程的现实屏障，因此打破制度和财政的壁垒，增强农民体育权利意识是加强农村公共体育服务最有效的方式。我国基本公共体育服务不均等在中东西部表现得尤为明显，可采取设立专项资金、加强社会力量参与、发展中西部的民族传统特色体育项目、加强考核力量等举措促进中东西部地区基本公共体育服务均等化发展。选择一个适当的发展模式能够决定我国基本公共体育服务均等化的发展结果，我国经济社会发展迅速，但是总体水平发展不高，再加上我国改革体育服务应为全体公民公平共享，所以最低公平模式将完美契合现阶段我国公共体育服务发展的现状，在此基础上，转变政府职能，增加供给总量，统筹规划公共体育服务供给，增强制度保障，全方位、多层次促进我国公共体育服务均等化。

五、公共体育服务均等化理论基础

公共体育服务均等化发展是一个复杂的问题，对其进行深层次的研究必然离不开众多理论的融合研究，体育公平是公共体育服务均等化发展的基础，共享是公共体育服务均等化发展的目标，而服务型政府建设则为公共体育服务均等化发展提供保障，融合多种理论对公共体育服务均等化进行研究具有重要意义。

（一）功利主义理论

功利主义是著名的西方哲学思想，其基本信条是"最大多数人的最大幸福"，强调社会总体效率。功利主义发展至18世纪末19世纪初，经由边沁和密尔的丰富与发展，形成了较为完整的思想体系。

1. 边沁和密尔的功利主义分配思想

约翰·斯图尔特·密尔（John Stuart Mill）在《论自由》（*On Liberty*）一书引论中谈道："这里所有讨论的乃是公民自由或称社会自由，也就是要探讨社会所能合法地施用于个人的权利的性质和限度。"这可以通俗地表述为"我挥舞拳头的自由到达你面前的时候就结束了"，揭示了自由的真谛，即不因自身行为而损害他人权益，体现了自由的相对性和边界。同时，密尔主张通过自由的"生活实验"的实践方式发现事物的真理和本质，推动社会进步，反对"多数人的暴政"。密尔把功利主义和自由主义巧妙地结合起来，他的自由思想进一步体现到了他的著作《功利主义》中。

《功利主义》核心是幸福或者说福利最大化，继承自其导师杰里米·边沁（Jeremy Bentham）。密尔在边沁"快乐"概念的基础上，对快乐进行了等级划分。密尔关注更高级的快乐，认为"道德正确"的行为总会带来最大化的幸福，强调行为的后果而不是俗世的教条。密尔的功利主义在追求社会福利最大化过程中，突出了以下几点："幸福"或者说"快乐"是个体的主观感觉，是可计量的；不同个体的同质性，这是福利计量的前提；衡量个人行为时只关注结果，不在意动机。然而这种对快乐的计算太过机械，缺乏人文关怀；"高级快乐""低级快乐"的界定个体间也存在很大差异，界定困难；为了福利的计量提出的不同个体的同质性存在较大争议；在社会福利最大化的过程中单纯以"快乐"衡量，容易产生多数人的暴政。

总体来看，边沁和密尔的功利主义分配思想追求社会福利的最大化，顺应了当时资本主义的逐利精神，但忽视了个人利益诉求，但对于构建自由、平等的社会价值，以及公共政策的制定仍有重要的借鉴意义。

2. 海萨尼的功利主义

约翰·海萨尼（John C.Harsanyi）采用契约论论证功利主义的微观基础，对密尔的功利主义的个人层面进行了补充。针对不确定条件下的决策模型采用了期望效用准则：最大化所有角色的福利平均值，从而达到社会福利最大。在社会福利最大化过程中关注到了个体福利,但没有考虑个人效用是可以进行比较的以及社会福利最大化过程中可能会出现的个人福利分配不均问题。

3. 适用性分析

功利主义理论的核心是福利最大化,包括个人和社会两个层面的福利最大化,尽管未曾全面考虑到个人效用的比较问题以及福利最大化过程中分配不均问题,但是其朴素的福利最大化思想适用于目前的农村体育发展初始阶段。根据帕累托改进原则,在现阶段,公共体育服务资源适当向农村地区倾斜,才能获得更大的社会效益。这提醒政府部门应采取多方面手段提高农村地区公共体育的服务水平,才有可能逐步熨平与城市地区的差距。同时,功利主义理论的问题也可以起到警醒作用,提醒公共体育服务的供给者在发展初期就注意到农村内部区域及群体间的公平分配问题。整体来看,功利主义是分配公平正义理论发展过程中必不可少的阶段,但理论较粗糙,可借鉴内容有限。

(二)体育公平理论

经济学中,公平理论一直都占据着重要的地位,他最早是由美国心理学家约翰·斯塔西·亚当斯(John Stacey Adams)在20世纪60年代提出的,主要用于研究人的动机和直觉关系的一种理论。依据出现的先后顺序,先后出现了古典亚当斯的公平理论在内的多种理论。公平理论是分配公平层面的理论,由分配公平而产生的各种激励作用以及由分配不公产生的抑制作用是研究的重心所在,最初的亚当斯公平理论主要集中于公平产生的结果差异上,公平的激励作用是对所有人同样适用,公平感的产生在社会比较之前,在比较出公平的结果前提下,对人们的生理和心理无疑会产生促进作用,激励其努力工作,获取合理收益。不公平的结果与之相对,产生的消极情绪必然影响工作激情,降低工作效率。

公平理论研究的核心要义在于解释了公平感和其维度之间的不同,公平构成要素直接影响公平整体结果。从公平感的源头出发,分配公平是公平感产生逻辑的起点,因此保证分配公平能够从公平产生的起点确定一个优势,为整个分配过程奠定公平基础。而连接起点与结果之间还必须保证程序公平、人际公平和信息公平等影响因素,多维度扩展公平的内涵。体育公平理论的深度研究更为具体地揭示体育领域公平现象的深层次逻辑,与公平理论互相借鉴,将社会学中的经验运用到体育领域中,推动体育公平理论不断发展充实。随着我国体育科研的发展,学者将公平理论引入体育研究范围内,从而丰富了体育公平的术语。

（三）共享发展理论

党的十八届五中全会，习近平总书记将共享发展理念与创新、协调、开放、绿色一道作为五大新发展理念提了出来，同时赋予了共享理念新的价值寓意。共享理论起源于马克思、恩格斯的共享理念，他们认为共享不仅包括物质层面的共享，还包括利益和政治权力两方面的共同享有。随着中国特色社会主义建设不断推进，共享理论逐步成为建设中国特色社会主义的价值理念，在民生工程建设、公共体育服务等保障人民基础生活质量的事业中发挥着指导作用，上到政策制度顶层设计，下到基层一线的文件、规划的执行都将共享理念孕育其中。

共享理念强调把人民群众的利益放在第一位，必须照顾全体人民群众的利益，坚持社会发展进步的成果由人民群众共享，使各阶级、民族和地区的人民群众都能享受成果。但是，共享并不意味着没有付出的享受，共享的群体必须是参与到社会建设中，对社会发展作出自己的贡献，才能享受到相应的成果。共享也不意味着某一方面的单一共享，而是指经济、文化、生态等多方面的全面共享，丰富了人民群众的社会生活，提升生活的质量，总的来说，共享与均等化内涵相似，同时都注重平等正义。

（四）罗尔斯的差异原则

约翰·罗尔斯（John Rawls）反对边沁的功利主义，他认为这必然会使少数人的自由不被尊重，有违自由的普遍性，不符合自由主义。罗尔斯关于分配公平正义的思想主要体现在他的著作《正义论》（*A Theory of Justice*）中，主要研究了社会基本结构和制度安排的合理性，即社会的正义分配及其分配体制问题。

1. 两个基本原则

罗尔斯指出，他所推出的两个原则之间和内部都存在"词典式序列"，即这些原则的排列是有规律的，只有前面的原则得到满足之后才能考虑下面的原则。

所以说第一原则——自由原则是排在第一位的，第二原则的实现必须满足自由的条件。

第一个是自由原则。当所有理性的人都是在"无知的面纱"下进行选择判断时，所有人会享有同样的自由，拥有同样的权利。自由原则认为"在最广泛的平等、基本自由所组成的整个体系中，每个人跟在相类似的体系中的所有其他人一样，都有一种平等的权利"。在不危害其他人自由的前提下，国家有责任维护每个人的自由。

第二个原则与公平分配有关，包括机会平等原则和差异原则。按照"词典式序列"理解，机会平等原则要先于差异原则，即公平比功利重要，理应公平分配各种权利义务。

机会平等原则强调所有人的起跑线是一样的。差异原则的核心是获得社会全体成员的福利最大化，即"最大最小"策略。"最大最小值"规则的原理是依据各方案可能产生的最坏结果进行排序，最后选择的最差结果优于其他所有选择的最差结果。该原则认为任何社会、经济上的不平等，只有在它们能给社会中最底层的成员带来最大化的利益时才能被容忍。差异原则的要义是希望平等的前提下尽可能范围内的均富，是强调社会要实现正义，就要尽量减少贫富差距。

与一些社会契约论不同，罗尔斯认为不必要毫无原则地去认同这些原则，而是需要通过思想试验的形式，公平公正地创造出构建公平社会所需要的原则，然后把这些原则同现实的制度进行比较，以便提出更好的改进方向。

罗尔斯的差异原则同样采用契约论作为理论基础。罗尔斯认同平等分配，但同时允许不平等分配的存在，前提是这种不平等的分配能够使收益最少的人的条件得到改善。采用"最大最小"策略这个决策模型，在不确定其他人的选择的前提下，所有人都担心自己会是境况最差的人，所以这样的决策模型既满足了社会需要又照顾到了个体。罗尔斯力图在社会激励和社会福利之间找到一个平衡。

2. 适用性分析

罗尔斯提出的机会平等原则和差异原则契合了均等化精神。机会平等同样是公共体育服务均等化的重要内容之一，强调农村居民有权利要求同其他社会背景的居民一样，享有同等的被服务的机会。差异原则支持了现阶段应重点发展农村地区的公共体育服务质量的构想，能够给最底层的社会成员带来最大的利益时，一定程度的不平等是可以被理解和接受的，均等化不是追求盲目的平等，所以在公共体育建设过程中，可以允许资源向农村地区倾斜。尽管罗尔斯的差异原则照顾情况最差的人，如此循环往复，总会产生新的情况最差的人，必然会导致平均主义，同时也说明了罗尔斯没有解决个人效用间的比较问题。但是，从我国的实际情况来看，农村与城市之间在公共体育服务方面的差距犹如一道"天堑"，在相当长的时间内并不会完全解决，而且城市地区的发展前景天然优于农村地区。排除了这一顾虑后，罗尔斯的差异原则对我国发展农村地区的公共体育服务有很好的借鉴意义。

基于公共管理理论和分配公平正义理论，同时结合调查的河北农村公共体育服务均等化情况，农村公共体育服务均等化是指在政府和公共财政的支持下，市场和第三部门的参与中，农村地区的公共体育产品和服务在投入、产出和结果测量上，能够达到农村内部的均衡和城乡大体的均等的情况，认为在现阶段，河北农村的公共体育服务应该关注机会平等，在差异化原则下优先推进农村地区的公共体育服务均等化建设。

第二节　乡村振兴战略下河北省农村公共体育服务均等化机制

一、河北省农村体育公平的影响因素

河北省体育公平受到众多因素的影响，各影响因素之间彼此联系，相互影响，这些影响因素直接或间接导致河北省体育领域出现各种不公平的现象。这些影响因素主要集中在以下几个方面：

（一）资源供给因素

资源供给直接决定了人们是否能够平等的享用体育资源，体育资源供给的公正平等以及均衡不应该只体现在体育资源提供的地域性平等，并且要保证每个居民在参加体育活动、使用体育设施场地时都有同样平等的权利和机会，且不会由于地域、民族、社会阶层等不同而受到歧视。

（二）传播因素

信息通过各种途径传播能够影响人们的思想观念，体育信息传播也是如此，能够确定体育信息传播公平对于体育公平具有重要影响，传播公平在体育公平中主要表现出过程性影响，传播公平能够保证将体育事实真实地向大众传播，维护大众的知情权，经济体育领域表现得尤为突出，在视频等客观条件的保障下，从裁判员、运动员等人员的行为受到规则的约束，促使其竞技行为限定在规则之内，保障体育公平。

（三）经济因素

经济基础决定上层建筑，经济在体育发展领域所能起到的作用是不可替代的，甚至起着决定性作用，而财政支出是发展体育事业的主要经济来源，卢志成的研究认为体育的公平保障主要应由中央财政来承担，并合理分配财政支出，摒弃旧有的城市优先等不公平的发展理念，保证财政优先用于体育事业发展落后和贫困的地区。

（四）政策因素

体育政策应能代表绝大多数人的利益，政策的制度安排应能始终体现体育公平，而政策制定的公平是保障体育公平的最高防线，应予以高度重视。学校体育公平不仅受到教育方面的政策的影响，同时也受到体育方面的政策施加影响，体育资源保障和体育投资应向落后地区倾斜。

（五）道德因素

体育道德是人们进行体育活动时的自我意识，在竞技领域表现明显，良好的体育道德是人们在竞技体育中保持体育公平的内在约束力，因此我们要尽力加强对大众良好体育道德意识和习惯养成的引导，用实际行动指引人们积极向上，努力拼搏，净化群众的思想品德，不断增强人们体育道德意识，维护人们体育道德信念，促进体育公平。

（六）法律因素

体育法是我国体育事业发展的最高依据，对体育事业发展划清了边界和底线，增强了我国体育事业的独立性和导向性。体育法的最终目的是推动体育事业良性发展，不断提高体育发展水平，加强社会主义物质文明和精神文明双重建设，进而促进整个社会的全面文明健康发展。

二、河北省城乡之间的差异性分析

（一）城乡政策布局差异

从以往体育公共服务政策布局分析，在制定相关政策时，管理者会以城乡实际发展水平为依据制定策略，主要体现在经济基础、人口规模、服务需求等方面。因此，在做政策布局时城市地区都会得到"特殊照顾"，黄程程也表示，由于城乡"二元性"导致两个社会子系统彼此独立运行，加之农村剩余劳动力纷纷涌入城市，因此在政策执行中公共体育服务更多"优惠"城镇。

（二）城乡居民意识观念差异

意识观念的形成，造就了人与人之间、地区与地区之间的差异。农村居民在日常生产生活中，受意识观念和文化环境的影响，精神层面的需求往往会被置于次席或忽略，而这种根深蒂固的生活形态就会直接固化人们过度消费的脚步。城镇居民由于经济条件的改善和意识观念偏高，对于体育的认同感较强，在日常生活中乐于以此愉悦身心，体育权利意识不断加强，也从发展的角度催生了体育公共服务，并要求不断完善服务体系。

（三）城乡经济水平差异

经济收入直接决定居民消费水平，尤其城乡居民收入水平不一，消费水准自然被拉开。根据人均可支配收入看，城镇居民比农村居民高出很多；根据消费支出看，城镇居民比农村居民也高出很多。从收入和支出现状得出，河北省城乡体育公共服务的均等性和同步性将严重受制。

三、河北省农村公共体育服务均等化发展策略

（一）坚持特色发展

共享理论强调平等共享、利益共享和政治权力共享，坚持共享原则，挖掘河北省农村地区极具特色的体育文化，坚持走特色公共体育服务的多元发展的道路。走独具特色的公共体育服务发展道路的实质就是"以人为本"，保障每个人都能平等地享受公共体育服务的权益。走特色发展道路，要坚持聚集资源要素，打造公共体育服务共享空间。公共体育服务均等化的发展，往往面临供给总量不足、供给结构失衡等问题，降低了人们日常体育活动的满意度，而共享空间就是通过提供均等化的硬件设施与资源，使人们能够无差别地享受公共体育服务。聚集资源要素，最重要的是要实现河北省农村地区特色资源要素的发扬光大。

（二）借助社会力量

在一些体育产业发达省份，政府部门已经借助社会力量，推进和带动体育产业发展并提高服务质量，据调查，这一现象只在城镇地区普遍存在，农村依然是被新发展力量忽略的区域。农村各方面落后于城镇，加之农村地区人口分布分散，提供体育公共服务时需要大量人力、物力、财力，而社会力量的介入刚好能弥补人力和财力的空缺，并能发挥一定监督管理作用。目前农村地区能享受到的服务也只是政府性行为，覆盖面远远达不到居民需求，许多社会力量在选择服务目标时自然优先走向城镇。郑志彬等人也认为，鉴于农村体育公共服务的政府组织不健全，由政府向社会力量购买体育公共服务提供给农村居民是更为必要的。

（三）加强空间统筹规划

明确规划主体，优化农村的空间规划体系，实行宏观上的统筹引导，使各主体分工明确，充分保障各主体在公共体育服务空间规划过程中的自主独立性。同时要扩大公共体育服务建设水平不高地区的健身场地设施规模，在规划时有倾向性地增加发展落后地区体育场地面积。地方政府在规划整体发展时要加强与土地资源部门、城乡建设部门和环保部门的合作力度，发挥多方联动效应，统筹大型体育场馆和体育公园等设施的空间规划，实现各行政村在公共体育服务空间层面的平均分配，在重视差距的基础上，打造强弱互补、弱弱互动、强强联手的公共体育服务设施网络发展体系，发展较好较快地区充分帮助发展缓慢落后地区，在经验分享、机制保障、维修保养等方面加强支持力度。

（四）均衡配置公共体育服务资源

新公共服务理论认为管理型政府不适应社会发展的趋势，须改变政府"管理者"角色，政府不仅是"掌舵者"，还要承担"划桨者"角色这已经是大势所趋，服务型政府将公民置于首位，最终通过追求公共利益最大化来满足个人利益最大化，注重协调与互动。公共体育服务协调均衡发展，必须以政府为主导，依托市场"这只看不见的手"，加强与社会组织的合作，共同承担起供给公共体育服务的职责。政府要做好宏观上的调控，使市场和社会组织分工明确，能够发挥自身的优势，做擅长的事，并且要从整体上通过财政拨款的方式严格遵守协调均衡发展的要求，对公共体育服务发展水平较低的区域，要加大体育彩票公益金的投入力度，通过财政转移支付等方式提升公共体育服务发展水平较低的区域的供给能力，缩小差距，促进区域公共体育服务协调均衡发展。政府要加强对市场的管控和对社会组织的引导，在整体布局的前提下发挥市场的灵活性，将市场资源倾向性投入公共体育服务发展落后区域，同时继续保持对水平较高区域的优化，确保协调发展。在硬件资源和人力资源的配置上，由政府统一牵头，联合市场和社会组织，在充分数据的支撑下，均衡配置公共体育服务软硬件资源，充分合理的激发政府部门的主导作用，促进公共体育服务协调公平发展。

（五）建立城乡公共体育服务资源共享平台

河北省公共体育服务资源薄弱，加之城乡发展跨度较大，资源共享方面相对欠缺。根据目前河北省体育产业规模及走向，在城乡之间建立资源共享平台时机已到。首先应从基础设施着手，继续推进和加大基础设施投入力度，在城乡之间形成所有硬件、软件通用模式；其次，平衡城乡体育公共服务供给，将城镇的优势资源和平台引入农村，而城镇则在原有的基础上继续推行和开发资源，并及时分享到农村，形成良好的循环环境。张国清等人指出，城乡公共体育服务应更多关注农村居民的体育需求，做到资源共享，提高公共体育的利用率和覆盖率，并充分发挥城市中心作用，通过人力交流、财力支持，带动农村体育公共服务发展。当城乡体育公共服务一体化局面逐渐形成后，服务的供给侧结构也将趋于平衡，居民将由原来的被动引导转换为主动参与。

（六）积极打造"体育+"融合发展体系

体育公平的核心思想是实现每个人的体育机会公平、体育过程公平和体育结果公平，能够为公共体育服务均等化发展提供实际意义上指导。破旧除新，在公共体育服务均等化平稳发展的基础上积极探寻与经济社会发展规律相适应的新路径、新方法，对于促进公共体育服务均等化发展有特殊的意义。河北省农村地区公共体育服务发展近年来取得巨大的进步，但各街镇发展水平并不均等，因此，走融合创新发展道路是推动公共体育服务均等化发展重要的策略主张。积极打造"体育+"融合发展体系有利于推动河北省公共体育服务均等化发展。河北省部分农村地区拥有独特的自然地理条件，可利用自然资源推动"体育+旅游"融合发展，实现体育与旅游的紧密结合，将更多的旅游产品转化为体育产品，增强体育活力，用旅游增加体育的附加值，用旅游要素的注入推动体育品质化发展，从而为公共体育服务发展提供强大的动力。推动"体育+网络"的公共体育服务均等化发展体系，打造网络公共体育服务平台，创新公共体育服务供给方式，使居民通过网络就可享受到公共体育服务，这样可以有效弥补由线下公共体育服务供给差异化导致的不公平现象。此外，推动公共体育服务与体育产业融合发展，发挥体育产业的巨大经济效应，弥补公共体育服务均等化发展的动力不足问题，公共体育服务和体育产业融合发展核心在于以政府主导，准确定位各街镇发展的体育产业的职能，并明确体育产业为公共体育服务提供动力的发展定位，最终通过融合创新发展，为公共体育服务均等化发展提供强大动力。

第六章　乡村振兴战略下河北省农村公共体育服务发展现状与提升策略

本章内容为乡村振兴战略下河北省农村公共体育服务发展现状与提升策略，主要从三个方面进行了介绍，分别为河北省农村公共体育服务的发展现状、河北省农村公共体育服务的提升策略、河北省农村公共体育服务的未来发展。

第一节　河北省农村公共体育服务的发展现状

乡村振兴战略持续推进在一定程度上增强了对农村公共体育服务协同治理的重视程度。政府的政策支持推动着公共体育服务工作的开展，农村公共体育基础设施日益完善，公共体育服务水平逐年提升，多元体育元素助推农村体育发展，体育财政资金的投入也在逐渐增长，呈现良好态势，农村公共体育服务协同治理的新思路取得了较好成效。

但农村体育在其发展过程中仍存在多种因素的制约，使得农村公共体育服务的协调发展受到影响：一是供给粗放。农村体育活动可划分为学习性和休闲性两类。学习性体育活动指的是相关部门组织村民进行专门的体育训练，以满足村民对于专业体育学习的需求；休闲性体育活动是指定期在农村地区举办各种体育活动，鼓励村民通过参加体育活动，从而激发他们进行体育锻炼的兴趣，引导他们多看体育节目、订阅体育书籍等方式更多地增加他们精神上的获得感。在实际开展农村体育建设过程中，政府为农村地区设置了大量体育器材却忽视了指导村民如何使用器材，使体育器材得不到充分利用，导致体育器材闲置、破损，价值未能充分体现。并且体育供给与群众的需求存在差距，难以符合群众需求，导致群众体育锻炼积极性不高。二是缺乏体育知识的教育，专业人才匮乏。农村人口大多是老年人口和留守儿童，信息闭塞，文化程度较低，缺少专业的人才为他们普及体育知识，大多农民认为进行农业耕作就等同于体育锻炼，导致对体育的认识还很肤浅，缺乏科学依据，体育锻炼意识淡薄。

第六章　乡村振兴战略下河北省农村公共体育服务发展现状与提升策略

一、对体育认识不到位

河北省农村地区居民主要以从事农业劳动生产为主要生活来源，经济来源简单，收入较低，平时娱乐也比较单一，体育参与意识淡薄，误认为平时参加农业生产劳作活动与体育锻炼效果一致，认为体育运动是玩耍、是娱乐，对孩子课后学习和参加体育运动也比较抵触，对于体育的投资也较少。农村地区学校受领导观念、师资配备、场地设施等因素制约，普遍重视文化课，追求升学率，认为体育教育不重要。这些观念形成的原因主要还是因为缺少足够的、正确的体育观念，没有认识到体育本身的功能与价值，所以转变家长对体育的认识应是农村地区体育发展的第一步。

二、服务决策缺乏民主

当前，河北省农村体育服务基本按照国家制定的自上而下政策执行，在某种程度上弱化了农民群体参与公共体育服务决策的民主意识，再加上农民文化水平普遍较低，不懂得如何去表达自身对农村公共体育服务需求的权利，致使广大农民群体无法真正参与到农村公共体育服务的决策建设活动，农民群体体育意识不强。在我国家庭联产承包制实施过程中，大部分农民群体逐渐将重心转移到了农业生产活动，但对公共物品决策问题的关注度却相对较低，同时在政府过度追求业绩的影响下，致使农村体育服务决策机制在实施过程中仍沿袭了传统决策模式，并且在此过程中农村体育服务决策机制也主要以自上而下模式为主导。在农业税取消后，农村经济增长与整体社会环境有了质的飞跃和进步，农民群体的权利意识和自我表达诉求也得以巩固增强，真正意义上有效提高了农民参与农村公共体育服务决策的权利意识。但在实施过程中，部分基层政府仍未及时摒弃传统服务决策观念，以政府主导、农民听从的这种自上而下的农村公共体育服务决策模式无法在较短的时间内发生有效的转变，无法充分发挥自下而上服务决策模式应有的实效性作用，也无法保障农民享有的公共体育服务参与权。此外，这种民主意识薄弱的自上而下服务决策模式将会直接导致政府在农村公共体育服务建设过程中，过度追求群体性、统一性以及共性目标，片面性地忽视了个体化、差异性以及个性可持续发展的重要现实意义，致使农村体育服务建设工作效率低下，也无法充分满足各服务主体对象的个性化需求。

河北农村公共体育服务决策缺乏民主主要表现在以下两个方面：

（1）公民参与公共体育服务决策的渠道受阻。河北农村公共体育服务的决策主要采取"自上而下"的模式，而村民"自下而上"参与决策的主要渠道仍然是热线电话、局长信箱等传统方式，这种方式具有严重的滞后性，不利于村民及时地向上表达自己的体育想法和意见，同时政府部门在决策前召开的听证会具有严重的形式化，与会人员有着严重的"精英化"倾向，村民很少有机会参与到政府有关公共体育服务重大决策的讨论中去。

（2）公民参与公共体育服务治理的意识及能力不足。长期以来受传统政治文化和"举国体制"的治理模式的影响，普通民众有着根深蒂固的政府依赖思想，农村地区村民的公民意识、民主意识、平等意识不强，缺乏对社会责任的担当，参与公共体育服务治理的意识不强。同时，河北农村地区公民普遍受教育程度不高，缺乏管理相对应的文化素养和体育专业知识与技能，导致自主参与公共体育服务治理的能力不足。

三、服务形式过于单一

近年来，河北省始终致力于三农战略目标的实施与落实，旨在依据三农政策的指导思想和政策方针，提高农民群体的消费支出水平，推动农民群体的消费结构从生存型过渡转变为发展型，以此为农民群体提供良好的生活保障。体育是一种具有显著享受与发展性质的消费产品，在农村群体中进行大力宣传与弘扬体育产品则具有至关重要的现实意义，有效推动了传统城镇公共体育服务模式朝着城镇与农村公共体育服务协同发展模式的过渡转变。有效提高农民对体育活动的实践需求，有助于加强社会和市场对农民公共体育服务发展建设的支持力度。但在实践过程中，大部分农村地区的公共体育服务主体仍停留在政府层面，社会、市场等非政府组织参与农村公共体育服务建设的力度仍有所欠缺。究其主要原因在于以下几点：

（1）政府权力过度集中。部分政府机构并未充分认识到转变自身职能的重要性，致使当前农村体育管理机制停留在以政府为主导、社会为辅助的不利局面，尤其体现在政企不分、权责不明等较为浅显的问题层次上，在一定程度上弱化了非政府组织机构参与农村公共体育服务建设的主观能动性。

（2）农村公共体育服务可获得的经济效益有限。农村公共体育服务本质上属于一项民生工程，普遍具有建设周期长、投资风险高、经济效益低等显著特征，无法充分满足追求市场经济效益最大化的基本需求，导致市场无法全面渗透到农村公共体育服务建设工作中。

(3)农村地区的社会体育组织数量有限。由于我国政府扶持力度不足,社会体育指导员业务水平低,群众自发组织社会体育团体积极性不高,农村地区社会体育组织发展规模小,制约了农村公共体育服务的可持续发展。

四、政府监管力度不够

目前,河北省并未设立独立性的体育监管机构,而是将监管职能分散于各地方政府部门。在公共体育服务市场化中以体育行政部门为主要监管主体,并涉及财政部门、审计部门、工商部门、民政部门等。然而这一分散式的职能分配看似是在进行职能的科学划分,但实际上并未实现预期的效果,反而引发了许多监管问题。

(一)监管权力分散

体育监管权力过于分散,体现在监管主体多头化,职能交叉、权限划分不明确。一方面在监管缺乏激励机制的情况下,各监管主体容易产生懈怠情绪,对监管任务不重视、相互推诿工作,容易造成监管领域真空化。而另一方面在监管存在利益可寻的情形下,各监管主体纷纷进行监管,形成对被监管对象的多头控制。这不仅严重浪费政府监管资源,而且还会打击市场主体的积极性。与此同时各政府监管部门之间缺乏有效的信息沟通,很容易形成"部门孤岛",难以达到监管合力的效果。

(二)监管机构不够独立

监管机构具有独立性是监管成功前提之一。独立性具体体现在两方面:一是监管机构职能与政府其他机构的职能之间是分离的;二是监管机构与监管对象的分离。监管机构的出现,是社会分工与政府职能分离的结果。当监管职能不清不仅会使监管机构权责复杂化,还会导致监管缺位、越位,影响监管的有效性。而另一方面我国长期以来奉行政社、政企合一的管理模式,尤其在体育领域,各类体育协会、体育组织都带有官方或者半官方的性质。这使得政府与被监管对象之间形成较紧密的附庸关系,即被监管对象在资源、人员等方面是依附政府而存在的。

(三)缺乏专业监管人员

无论监管体制如何完善,监管活动还得依靠人来实施。精明的买主一定要知道如何判断所买到的东西,其中既包括判别服务质量好坏的能力,也必然会涉及质量标准的界定，而这些对监管机构人员提出了较高的专业性要求。具体而言，一个有效的监管机构至少包括以下几类人才：经济、技术、产业、法律以及了解公众意愿的社会决策家。但是目前河北省监管人员一般多为政府行政管理人员和技术人员（主要是体育行政管理部门的行政人员），而涉及经济、审计、法律等方面的专业人才相对较少，很难适应监管专业性的基本要求。因此提升监管人员的业务能力，对于实现政府有效监管的必要性是不言而喻的。

五、信息宣传不到位

河北农村在公共体育服务中的信息宣传工作很不到位，主要表现在：村一级的信息宣传栏基本没有涉及体育知识的科普版块；乡镇的宣传工作更侧重影视等文化资源的进村宣传，或者是血压针灸等简单健康体检活动的组织；县级及以上政府的体育科普工作组织不到位，没有出台可行的政策和组织相应的活动。除此之外，在整个宣传过程中，当地的学校资源没有被充分利用，一些特色资源被忽视，没有发挥民间体育组织的作用。

六、缺乏稳定的资金支持

受各种因素制约，体育相关资金较少，城乡群众享受的体育资源不均衡，农村地区群众体育资源紧张，一定程度上制约了农村地区公共体育服务的发展。因此，要从经济社会全面发展的角度出发，高度重视河北省城乡群众体育资源的协调均衡发展，保证农村地区公共体育服务拥有稳定的资金支持，有稳定的资金支持后河北省农村地区公共体育服务质量才能不被束缚，才能稳定提高。

七、信息反馈机制有待完善

信息反馈是政府和民众之间沟通的重要途径，在公共体育服务建设中也是如此，完善的信息反馈机制能够帮助民众向政府反馈对公共体育服务体系的意见和建议，同时，也能更准确、更真实地反映出公共体育服务体系建设中的不足，以便政府能够及时调整，推动公共体育服务体系的建设。此外，通过信息反馈机制，政府还可以对公共体育服务进行有效的监督，及时避免公共体育服务在实际操作方面的一系列问题。所以信息反馈机制对于公共体育服务建设体系而言，是有着非常重要的影响力的，需要给予重视。

当前，公共体育服务体系的信息反馈机制还是存在着较大问题的，在现有的信息反馈机制中，民众想要反馈自己对于公共体育服务体系的意见和建议，只能通过传统的反馈渠道进行表达，而接收群众反馈信息的机构，一般情况下也很难及时作出反应。久而久之，公共体育服务体系方面的反馈机制就逐渐弱化，民众很难通过信息反馈机制发表自身的意见和建议，长期以来，民众对信息反馈的积极性也在不断下跌。

八、缺乏公共体育相关人才

截至 2018 年末，河北共有文化、体育和娱乐业法人单位 2.38 万个，从业人员 14.14 万人，分别比 2013 年末增长 222.8% 和 38.5%。其中，企业法人单位 2.20 万个，从业人员 11.24 万人，分别比 2013 年末增长 296.0% 和 99.1%。存在着行政事业和非企业法人较少，从业人员较少的问题。同时，由于农村地区体育市场基本尚未发育，在调查中也再次肯定了被调查行政村不存在收费性体育场地设施，所以可以判断统计中企业法人单位大多分布在城市。此外，从总服务人员数量看，农村远落后于城市，可能会导致公共体育服务人员占总服务人员比例出现农村地区比城市地区高的现象，但是这种特殊情况造成的数据畸形并不能意味着农村地区能够享受更多的公共体育服务。

发展是第一要务，人才是第一资源，农村地区公共体育服务的发展离不开体育人才的支撑。相关的专业人才是公共体育服务提升的重要动力。在 1986 年中国农民体育协会成立后，各地农民体育协会才逐渐成立。虽然已经有 30 多年年的历史，但我国乡村体育专业人才现状仍不容乐观。河北农村每社区拥有的体育管理工作人员与城镇每社区拥有的相差巨大，农村地区体育相关人才缺乏程度有目共睹。

九、服务政策法规建设落后

在新时代发展形势下，我国政府部门愈发重视农村公共体育服务制度的建设，并为此颁布了各种全民健身计划纲领、体育健康运动政策方针、农村体育暂行条例以及农民体育健身工程指导意见等指导条例，同时在党的十八大后又相继出台了体育产业促进农村体育消费的纲领文件和实施细则，旨在突出强调推动农村公共体育事业长远发展的重要现实意义，为我国农村公共体育服务建设奠定坚实基础。但农村公共体育服务政策法规的编制与颁布仍停留在初期阶段，致使农村公共体育服务工作在开展过程中仍存在问题。经调查研究，目前河北省农村地区公共体育服务中存在的问题有以下几点：

（一）法律决策主体缺乏权威性

大部分的群众体育政策法规都是由国家体育总局制定的，而国务院的最高级别权力部门制定的政策法规则相对较少，意味着河北省农村公共体育服务政策主体严重缺乏权威性。

（二）约束效果较为薄弱

目前已实行的全民健身条例、全民健身计划纲领以及相关体育法实施条例等具有权威性的政策法规均涵盖了农民体育建设等方面的内容，但其对农村公共体育资源配置等重要课题的论述与分析仅停留在较为浅显的表面层次，未能更深层次地发掘农村公共体育服务奖惩机制和规范条例。

（三）缺乏有效性

根据地方体育总局官方网站提供数据分析可知，部分基层政府部门在下达农村公共体育政策法规和实施细则时，通常是将中央决策规定的文本内容进行原封不动的摘抄与实行，并未结合当地社会经济、整体环境的实际发展情况进行针对性的调整与改进，所以也就致使农村的公共体育服务政策缺乏有效性。与此同时，部分乡镇基层干部在缺乏相应的农村公共体育服务政策的指导下，出现了对于工作态度懒散、办事敷衍的情况，甚至有个别地区通过制造虚假数据、开展形式化工作等消极手段应付上级政府领导的检查，并未深入实地考察农村公共体育服务治理情况，也未统筹规划上级政府分配的财政资金、制度法规、场地设施以及人力资源，导致农村公共体育服务治理效率严重低下。据有关研究表明，部分乡镇购买的公共体育服务产品仅限于个位数，并且部分乡镇在农村公共体育服务建设过程中完全照搬了上级政府下达的指示和文本要求，并未因地制宜地调整与改善当地公共体育服务治理现状。

十、农村公共体育服务发展较弱

随着我国农业税收的取消，农民群众的生活方式、消费理念、体育需求都有了很大的改变，2014年10月20日，国务院办公厅颁布了《关于加快发展体育产业促进体育消费的若干意见》意见中指出，到了2025年我国所有的行政村要实现体育设施全面覆盖的发展目标。在新农村与新型城镇化建设进程不断加快的背景下，河北省基本实现了以工促农、以城促乡发展的战略目标，有效缩短了城乡之间的经济差异和社会效益。但相比于城镇，农村地区的公共体育服务的数量仍有所欠缺，尤其体现在农村体育场地和基础设施建设、公共体育健身指导队伍建设以及体育资金投入力度等方面，诸多因素导致农村体育氛围较差。

第二节　河北省农村公共体育服务的提升策略

一、提升政府职能

（一）充分发挥政府职能

在我国，政府作为农村公共体育服务的监督者和供给者，首先需要政府明确并强化其自身职能。政府是供给的主体，要主动提供最基础的农村公共体育服务产品，包括基本健身设施、公共体育场馆、健身指导与服务，等等。更重要的是政府需要加大宣传力度，积极引进资金，吸引各类赛事在农村举办，大力推动农村公共体育服务的持续发展；此外，农村公共体育服务的推进，也可以借鉴乡村振兴战略中的分类推进，整合有限资源，将农村地区独特的区域优势和传统体育文化作为前提，打造不同层面的体育产业品牌，如体育特色小镇、体育康养中心及体育旅游、休闲体育主题公园等等，但要避免蜻蜓点水、遍地开花。

（二）优化政府工作机制

继续坚持地方政府主导、文旅部门负责、各部门协同的公共体育服务工作机制，推进服务型政府的职能转变，加强文旅部门的公共体育服务管理职能，扩大职能范围，明确统计部门职能，增强体育部门在文旅部门机构中的独立性，统计完善的公共体育服务数据。建立群众需求表达机制，改变过去文旅部门直接向行政村分配体育设施的做法，充分尊重各行政村的体育需求，通过双向沟通需求表达机制，精准提供满足人民群众体育需求的公共体育服务，有效弥补政府管理缺位的不足。充分发挥市场和社会组织在公共体育服务中的优势，增强公共体育服务供给动力，完善公共体育服务三方供给机制，聚集其合力，从供给端发力，发挥政府的主导作用带动社会组织和市场共同促进公共体育服务均等化发展。

加强管理职能，完善地方政府部门、文旅部门及相关职能部门的组织架构，监管各职能部门的责任主体，对工作进展缓慢、相关措施落实不力的职能机构严格问责，确保政府内部相关部门的组织架构稳定，河北省地方政府要明确"火车头"的作用，建立健全市场参与机制，规范体育市场良性公平竞争的秩序，保证所有人能够平等享受公共体育服务。严格控制政府购买第三方公共体育服务的预算，将节约的财政投入边缘农村地区，通过财政转移性支付，缩小村镇之间公共体育服务差距。在政府主导下，加强各职能部门间的沟通交流，加强各级职能部门管理，保证公共体育服务均等化发展。

二、完善政府监督机制

（一）建立相对独立的监管机构

需要强调的是，由于中国自古以来就是一个行政权高度发达的集权型社会，因此很难建立像美国那般独立于行政系统之外的监管机构。所以此处的独立性是独立于行政部门，而非独立于行政系统之外存在。具体而言，河北省政府构建这一独立性的监管机构实质上是对监管权力进行合理配置，其至少应当具备以下特征：

（1）拥有进行监管的完整职权。现有的监管权分配往往过于分散，而造成监管效率抵消的困境，因而将权力相对集中化，有利于监管机构统一行使职权。

（2）从纵向权力配置来看，应当采取分权式管理。这是因为河北省地域宽广、人口众多，如果全由省级监管机构实施管理，无法达到预期的效果。最理性的选择是在省级与地方之间进行相应的分权，即赋予地方更多的监管自主权，而省级部门则负责制定统一的监管法规及标准，并对地方监管机构的绩效进行评估。

（3）实行垂直领导，避免地方行政机关的干扰。

（二）配备专业性强的监管人员。

首先加强监管人员的专业培训，同时监管人员数量应满足监管工作需求，从而真正提升监管机构的监管能力；其次应当培养体育监管人员的法治观念，破除传统行政管理的理念，树立依法监管的法治意识；最后应当加强监管人员职业道德的培养，一方面促使其养成廉洁公正的思想作风，另一方面确保其坚决依照规章制度进行监管。

三、树立全民健身战略目标

当前，我国农村的公共体育场地面积虽然在上升阶段，但与人民日益增长的健身需求显然不匹配，对于农村体育健身有一定的影响。当国家通过健身工程对农村场地设施进行规划时，未必能够符合村民的真正所需，只有当村民主动地拿出"存货"对场地设施进行规整时，全民健身才能完成从被动接受到主动实施的阶段。只有当群众主动参与而不是完成任务的时候，体育人口才会出现大幅增加。据 2014 年的全民健身状况调查结果得出：经常进行健身锻炼的人口比例为 34%，而城镇居民占据了其中的三分之二，农村居民仅占三分之一，但与以往相比，农村居民增长幅度显著提高。河北省农村在河北省具有重要地位，河北省农村体育的发展直接关系到河北省体育事业的整体水平。如何带动河北省农村体育消费成为亟须解决的问题，而农村公共体育服务的发展无疑为此指明了发展道路。

四、改革创新决策模式

（一）多元治理

为了提高公共体育服务，政府应该调动各方面的力量，鼓励社会自治机制和市场机制参与公共体育服务，减轻政府压力，增加有效供给。首先，在社会自治机制中，应鼓励村民参与体育场地设施的管理和维护工作；鼓励体育爱好者个人参与公共体育活动赛事的筹备策划和组织工作；鼓励有能力的社会组织、爱心企业参与公共体育服务工作。其次，在市场机制中，尽管短期内由于农村地区经济发展问题，市场很难有动力进入农村公共体育服务领域，但政府可以把有条件的地区设为试点，通过合理规划最小服务单元，鼓励部分企业建立一批收费的场地设施，作为未来农村公共体育服务的发展方向。

（二）供给决策科学

将自上而下的供给决策模式变为自下而上的供给决策模式，体现农民主体地位，尊重农民享受公共体育服务的权利。在全民健身活动推进过程中，广泛收集民意，疏通民意表达渠道，建立行政村、乡镇、县三级的意见收集系统，让公共体育服务的供给更加贴近农村居民的需求，同时也可以在这一过程中真正了解农村公共体育服务的"洼地"，对落后地区加大扶持力度，对弱势群体更加关怀，有针对性地完善供给政策，从而进一步实现农村内部的均衡发展；更重要的是严谨供给决策过程，不能将对行政村健身场地、器材的种类及数量的决定单纯依靠村委会干部，这对村干部的综合素质和思想觉悟要求极高。关于健身场地、器材种类及数量的决定应该由村集体经过认真讨论，经村民大会作出判断，向乡镇上报，这样可以更加尊重不同行政村的发展实情和地域特色，给弱势行政村和弱势群体发声的机会，有效缩小地区和群体间的差距。

（三）改变过程为导向

公共体育服务的实施过程体现了程序正义，在我国由于发挥共产党的总揽全局协调各方的领导核心作用，各地区公共体育服务的政策和实施过程差别不大，所以关注服务结果比关注服务过程更有意义，所以应改过程导向为结果导向。政府应更多地把关注放到政策实施结果上，顺势开展全民健身状况调查，而不单单追求全民健身工程实施过程中的政令统一。政府应牢牢把控对公共体育服务发展情况的监测，科学评价服务结果，以结果为导向合理推进下一环节，才能有效缩小差距。

五、制定全民健身战略方针

全民健身的宗旨在于全面提升民众的健康水平，建设完善的公共体育服务是实现其目标的途径。从1949年中华人民共和国成立之初，群众体育逐步得到国家的重视。1995年，国务院颁布了《全民健身计划纲要》。同年，《中华人民共和国体育法》颁布实施。2009年《全民健身条例》和2010年《全民健身计划（2011—2015年）》等文件的相继出台，进一步巩固了全民健身的战略地位。2014年，国务院印发的《关于加快发展体育产业促进体育消费的若干意见》中指出，积极扩充体育产品，提升服务供给，加强竞技体育和群众体育全面开花，加速体育强国的建设步伐。并且提到：到2025年，人均运动场地面积可达2平方米，健身和消费水平显著提高，经常参加锻炼的体育人口达到5亿，从而让公共体育服务可以覆盖到全国民众。而河北省农村公共体育服务的发展关系到当地体育事业发展水平，体育消费水平是衡量体育发展的标准之一，因此，如何转换河北省农村公共体育服务的发展模式，促进当地的体育消费水平，是发展农村体育事业的途径之一，这也是全民健身战略实施的目的之一。

六、健全农村公共体育服务体系

要提升河北省农村地区公共体育服务水平，首先要健全农村地区公共体育服务体系。积极健全多级体系，在不同层次上满足群众的体育需求，使农村居民的公共体育服务发展得到有力的组织保证。其次要保证稳定的资金投入。不管是体育场馆的建设与维护、社会体育指导员培训，还是体育活动开展，都需要长期的财政投入。而且要依据每个地区实际现实情况规划资金，不能做表面工作，玩文字游戏，要农村地区居民真正感受到体育相关资金的投放，这一切是公共体育服务提升的资金保障。再次要整合各方资源提高农村公共体育服务的质量。要转变政府职能，改变现有供给模式，引入招标模式，激发市场活力。政府可以向社会购买体育服务，引导技术、人才等资源融入农村公共体育服务活动。积极组织社会体育团体的专业人员深入农村指导开展有关体育活动。最后要建立相关监督机制。各级部门间应合理分工、互相监督，成熟的农村公共体育服务体系要有完善的监督机制作为重要保障，不能单纯地追求供给数量，而是要评估农民的体育健身需求是否得到了满足，公共体育服务内容与措施是否符合该地区发展。

七、提升农村公共体育服务水平

提升农村公共体育服务水平和农村公共体育服务软实力。作为农村公共服务体系的关键组成部分，人才培养不容忽视。当前国内高校培养出了大量的社会体育管理指导人才。基于此，我们可以积极借助高校体育人才智慧，为农村公共体育服务注入新思想，政府作为主体需积极出台政策，吸引高校人才到农村。编写当下农村公共体育服务所需要的教材，增加社会实践要求与力度，让学生走出校园走进农村。同时，也要加强对现有农村体育指导员队伍的培训管理，定期组织专业知识的学习与更新，保证掌握专业的体育健身知识。通过文献的查阅我们也能发现，发达国家在公共体育服务管理方面积累了大量经验，我们可以吸收优秀经验，借鉴国外体育人才培养方式，并从我国国情出发制定适合农村需求的体育人才培养模式，推动农村公共体育服务。

八、提高公共体育服务人才的培养

落实"乡村振兴战略"就是要培养一批"懂体育、善运营、会管理、爱乡村"体育专业人才，而体育专业人才培养模式是实现培养目标的关键。农村地区体育相关指导人员人数偏少，与农村地区人口数量比例严重失调。农村地区人民群众缺少专业指导时就会面对一些器材无从下手，不了解用法，就不能科学规范地使用，容易受伤，也降低了农村地区百姓对公共体育服务的满意度。在短期农村地区社会体育指导员比例难以提高至正常水平的情况下，可以考虑结合每个村镇的体育设施情况通过专业培训将田间地头的各类业余体育爱好者培训成"村级体育指导员"来指导基层体育文化活动，加强和扩展基层体育指导力量。

一方面通过对业余体育爱好者进行培训使其有能力指导群众，另一方面要组织相关专业人员通过"办培训、组竞赛、做展示"等方式深入乡村，将专业的、前沿的体育知识在基层传播，努力实现村级社会体育指导员"一村一员"全覆盖，让村级社会体育指导员成为全民健身的宣传者、科学健身的指导者、群众健身活动的组织者、体育场地设施的维护者、健康生活方式的引导者、文明时尚的传播者。

社会体育指导员是促进我国体育事业发展，增强国民身心健康，建设社会主义精神文明中的一支重要力量。而社会体育指导员缺失，一直是困扰我国公共体育服务体系建设的重要问题，在农村地区即使是一个有着几万的乡镇，也很难配备上一个专业的社会体育指导员。这需要河北省相关部门要加大对农村公共体育事业发展的宣传力度，扩大体育健身指导队伍，体育健身指导队伍扩建的具体实施可以从三个方面着手。

（一）加大培训力度

为了能让体育健身指导人员适应岗位的需求，要加大对体育健身指导人员的培训工作。如进行运动损伤处理、人际关系交往、计算机操作、体育专业理论知识技能、体育活动组织等能力的培养，以为广大农民群众提供更加优质健身指导服务。

（二）吸纳社会志愿者加入

为了扩大体育健身指导队伍，还可以吸纳社会志愿者加入农村公共体育服务当中，对广大农民群众进行体育指导工作。因为这些志愿组织能以其人数上和公益性的优势，填补公共体育服务体系发展的不足。在招募志愿者时需要采取多元化的招募方式，如可以按照不同的类别，将志愿者分为专业志愿者以及非专业志愿者两种。专业志愿者是指那些体育技能水平较强的人员，这类人员可以为广大农民群众提供专业的健身指导工作。而非专业志愿者并不需要具备专业的体育技能，如一些医务人员、教师等这类人员可以为广大农村群众提供健身活动组织、健康运动知识讲解等。

（三）注重社会体育专业人才培养

学校是培养人才的重要场所，因此相关部门可以在各大学校内举办一些公共体育服务相关的讲座，为学生灌输服务于社会公共体育服务的价值，以吸引更多的学生选择报考社会体育专业，将来好为我国公共体育事业服务，填补社会体育专业指导员的不足。

九、公共体育服务治理方式要合理化

起源于西方国家的社会治理理论,其概念为国家与社会、市场与民众合作参与,从而形成上下协同治理的关系。其特征表现为重视管理的多元性、合作的共存性以及实现利益的共赢性等。从以上可以看出,社会治理的理念是基于我国的基本国情,紧随社会发展的趋势,以满足民众需求为目的的一种优秀的管理方式。习近平总书记在党的十九大报告中指出:要提高保障和改善民生水平,加强和创新社会治理。坚持人人尽责、人人享有,完善公共服务体系。因此,要全面强调河北省农村治理的方式方法的合理性,从而提出全面治理和合法治理的管理制度。

十、完善农村公共体育服务政策法规

完善的政策法规是保障农村公共体育服务体系建设的标准基础,在河北省农村公共体育服务政策法规建设中可从三个方面着手:

(一)优化服务标准

负责发展农村公共体育服务的管理部门,应明确国家制定的农村体育服务政策规范和指导要求,要始终坚持亲民、利民的发展原则,要使广大农民能真正地受益。不同的地区要结合当地不同的农村经济、文化与社会实际不断优化公共体育服务功能,可以从体育场地建设、体育实践活动、社会体育指导人员、体育部门宣传队伍、民间体育社团组织、体质健康监测队伍等角度着手,去制定农村公共体育服务政策法规,以进一步推动农村公共体育服务朝着规范化和标准化的方向发展。

(二)将政策落到实处

对于现有农村公共体育服务政策法规,应进行全面深入的探索与总结,列出其在实践过程中存在的问题和不足,并将具有代表性和实践性的重大决策事项纳入政策议事行程,从国家层面着手督促政府部门明确自身应履行的公共体育服务职责。

(三)确保政策实施主体的权威性

如果农村公共体育服务决策主体的权威性不足,很可能在一定程度上弱化决策执行主体的威慑力度,致使农村公共体育服务决策机制的落实流于形式或出现偏离于预期政策目标的情况,无法真正保障农村公共体育服务措施的贯彻和落实,甚至间接损害农民享有的体育权利和义务。基于此，国家应基于当前农村公共体育服务政策法规的建设情况，及时修订与整改部分权威性较弱的政策条例，并在此基础上将其融合到上级部门立法范畴，真正意义上有效提高现有农村公共体育服务政策法规的权威性。

十一、合理利用农村地区文化自然资源

当前农村地区的公共体育服务供给之所以有待完善，一方面是由于农村对我国体育传统文化了解甚少，对体育的价值认同感差，另一方面农村独特的区域优势尚未充分开发，同时信息技术传递的缓慢使得供需失衡也是农村人口参与积极性下降不可回避的重要因素之一。《乡村振兴战略规划（2018—2022年）》中明确提出："农民才是乡村建设的主体和主要受益者。"因此，当下亟须以农村公共体育服务需求为导向，完善公共体育服务的供给内容。

（一）发展民族传统体育

民族传统体育是中华民族几千年积累、形成的宝贵财富，是中华民族的文化瑰宝。长期以来农村地区已积累了丰富的传统体育文化，农村公共体育服务治理助力乡村振兴应先从发扬民族传统体育入手。从思想层面坚守文化自信，激发出农村群众奋斗向上的基因，提升群众自信心。农村传统体育活动要改变传承方式，从代代相传转变为吸引各类感兴趣的人士加入其中；在各类节日活动中，增加传统体育活动的项目，提升传统体育项目的宣传力度，鼓励各年龄段人群加入，不断给传统体育注入新的血液；在保留传统体育运动原样的基础上，注入新的元素进行创新，使其既有传统特色，又与时俱进。发扬民族传统体育，坚守文化自信是农村公共体育服务治理必不可少的一步。将公共体育服务与河北农村特色的自然资源和民俗活动相结合，开展民间传统体育活动，秧歌钓鱼等农村特色体育项目以及大众健美操、广场舞等当前流行的体育健身项目，通过农村地区独具特色的体育精神及文化传播，激发农村人口参与体育锻炼的积极性，增加体育活动参与人数。

（二）开发具有传统地域特色的体育资源

积极带动农村群众开发具有传统地域特色的体育资源，如利用沿海、草原、山区等区域优势开发或吸引适合条件的体育项目、旅游、赛事等。也可以与当地的人文历史相结合，挖掘体育人文资源，如充分利用博物馆、名人故居、遗址、

民俗、传统节日等自然人文资源，寻找蕴含在其中的体育元素合理开发，为丰富公共体育服务的供给内容注入源源不断的动力，增强农民自信心与自豪感，提高其参与积极性。

第三节 河北省农村公共体育服务的未来发展

在乡村振兴战略下，农村居民的生活品质有所提升，居民收入有所增加，居民素质也有一定提升。农村居民开始有能力对自身的闲暇时间进行规划，这为农村体育的发展提供了坚实的基础。"人"是农村体育发展的核心，也是体育事业服务的对象。因此，为了进一步提升农村居民的幸福感和获得感，提升其生活质量，河北省农村公共体育服务需要进一步的发展。河北省农村公共体育服务的发展，要遵循乡村振兴战略的发展目标。

一、向公共治理方向发展

河北省农村公共体育服务需要向着公共治理的方向前行。要实现农村体育产业的发展，需要以公共治理为主。公共治理是以多元主体治理为核心，强调治理方法多元化的一种治理方法。要提高治理的有效性，单一主体的治理方法很难真正了解到各个群体的真正需求。因此，要实行多元主体的治理方法。切实了解农村居民的真实需求，推行政府发起、社会组织辅助、居民参与的治理方式。提升现代化治理水平，完善治理制度，提高治理的成效，切实促进农村体育的发展。可以通过建立交流服务平台，提升政府服务水平，为多元主体治理提供平台支持。

二、向数字化发展进行

经过十几年的持续发展，河北省农村公共体育发生了翻天覆地的变化，农民的健身意识、健身活动也发生了质的变化，并由此带来了村容村貌、农村文化、农民身体素质、农民精神面貌的极大提升。但由于农民对公共服务需求的总量增加，需求人群和结构出现多元化，仅靠增加供给总量的传统公共服务模式，已难以适应农村社会的变化。而数字化公共服务不但可以削弱农村地域分散的制约因素，还可以实现资源共享、满足群众健身的多元需求，提高农民的文化素养。

(一)建立统一的数字化政府运营机构

在现有的管理体制下,政府的各个机构分工明确,缺乏协同,在数字化政府运营建设中表现出来的问题是:第一,政府的行政职能和信息化管理合二为一,各部门各系统自行负责和建设本系统的数字运营工作,这样就使大量行政人员从事与行政无关的数字技术工作,造成人力资源的浪费;其二,各自为政,出现"信息孤岛"或"数据烟囱"现象。公共体育服务数字化建设同样应该吸取数字政府建设过程中的经验教训,必须用数字化服务的"整体理念"来进行建设和运营,而不是由各个基层部门进行建构。因此应由省级部门采用委托经营的方式,牵头成立公共体育服务数字化运营中心,以市场化方式进行运作,各级政府作为使用者,只负责具体内容的建设和平台的使用。这种政企合作的整体理念可极大提高公共体育服务数字化进程和运营效率。

(二)构建城乡一体化数字公共体育服务层级平台

数字化公共体育服务体系平台不是单独在农村构建,而是采取"主站+分站"的站群系统模式。整个站群管理系统采用模块化的设计,方便以后的更新和维护;有完善的管理权限配置功能,采用分级管理的方式对子站进行管理,如市可以指定县管理员管理县级子站,县管理员可以设置乡管理员管理乡级子站,依次类推。

(三)河北省农村数字化公共体育服务设施建设

根据我国政府的职能转型要求,政府角色要从"划桨"走向"掌舵",这就意味着政府要调动市场和社会力量参与公共服务。农村数字化公共体育服务设施建设方面,可以在健身活动基础好的村设立数字化公共体育服务设施示范点,政府通过补贴或购买服务的方式,吸引优秀的创新企业加入,提高运营效率和活力。

(四)开展河北省"农村数字扫盲工程"活动

公共体育数字化建设虽然是政府牵头的一项民生项目,但服务最后对接的是普通民众,要实现从技术层面到社会层面的转化,在实现创新的同时,也给社会转化带来了冲击和挑战。所以要使数字化服务在农村地区发挥应有的作用,实现助推乡村振兴的目标,首要的现实问题就是要消除"数字弱势群体",弥补"数字鸿沟",避免因受教育程度不高、网络技术不敏感而导致资源浪费或效率受限。因此,在建设数字化公共服务体系建设的同时,同步开展线下"农村数字扫盲工程"活动。

"农村数字扫盲工程"活动可分层推进,首先对所有的社会体育指导员进行数字化使用培训,使其能熟练使用网络平台和移动终端的数字资源;其次发展、挖掘和培训关注运动健身的农民和社团,发挥他们在数字化推广中的作用;最后,以点带面,在村民中开展数字扫盲活动,从线下推进数字化进程,营造数字化发展氛围,从而更好地发挥线上资源的作用。

数字化公共体育服务是以协同治理为核心的系统工程,它赋予了农村体育新的内涵,既是农村体育供给侧改革的触发器,也是激发农村体育市场活力的发酵剂,更是推动乡村振兴战略实施、建设人民满意的服务型政府、创新公共服务范式的重要途径。

三、向绿色发展方向进行

河北省农村公共体育服务需要向着绿色发展方向前行。与城市相比,农村具备良好的生态环境,污染程度较低。在农村体育发展过程中,需要降低对生态环境的破坏,保留一方净土。现阶段,为了降低环境污染,要在农村体育产业发展的过程中,进行绿色发展。注重低碳经济发展,结合自身的地形地貌优势进行发展。例如,如果地理位置在北方,可以在冬季进行滑雪运动。不仅可以借助地理优势打造旅游农村,还能降低对原有地形的损害。部分具备湖泊地理优势的农村,可以开发绕湖自行车大赛。这种形式可以带动农村经济的发展,还能丰富农村居民的生活,倡导全民健身的风尚,对农村精神文明建设也存在一定促进作用。"绿水青山就是金山银山",产业发展不能以破坏生态环境为代价,需要寻找到人与自然和谐相处的途径。

四、多领域发展农村体育产业

在体育领域里,农村人口导致的复杂性、需求的多元化、生活水平的不均衡性,将在相当长的一段时期内成为农村体育活力低下的常态。但体育的包容性决定了农村公共体育服务不是单打独斗,可以从体育出发获得更多的社会资源:一是根据农村地区区域特点因地制宜,科学发展农村休闲体育;二是充分利用和开发农村山水等自然资源,打造符合现代消费的绿色休闲体育之路,完善和拓宽农村体育产业链,积极开发康养小镇、漂流、攀岩等一系列绿色健康休闲体育项目,为振兴农村体育争取更大的发展空间;三是休闲体育产业的发展首先要提高农村群众的认知意识、尊重民俗传统,在发展经济的同时,更多兼顾到人文关怀。

五、文化与体育相融合的发展方向

河北农村公共体育服务需要向着文体融合的方向前行。中国传统文化丰富灿烂，河北省的乡村文化也是百花齐放。要在农村发展体育产业，为了提升农村居民的接受程度，可以将体育运动与农村本地文化相结合，不仅可以让更多的农村居民加入体育事业中，也能吸引更多的游客来体味乡土民俗与体育运动融合的产物。深度挖掘农村文化的价值，从另一个角度看，是促进非遗传承。通过文体结合的形式，向外弘扬优秀的传统文化，扩大非物质文化遗产的影响力范围。文体融合不仅能够弘扬传统文化，而且还能够促进农村体育的发展，丰富体育发展模式，为体育运动加入文化的内涵，提升体育运动的价值。

参考文献

[1] 曹璐. 国外城市公共体育场馆服务大众体育发展经验及对我国的启示 [J]. 北京体育大学学报, 2016, 39（10）: 38-45.

[2] 马德浩, 季浏. 英国、美国、俄罗斯公共体育服务的发展方式 [J]. 体育学刊, 2016, 23（03）: 66-72.

[3] 唐刚, 彭英. 多元主体参与公共体育服务治理的协同机制研究 [J]. 体育科学, 2016, 36（03）: 10-24.

[4] 王莉丽. 老龄化背景下我国城市公共体育服务供给的反思与优化 [D]. 武汉: 武汉体育学院, 2015.

[5] 刘峥, 唐炎. 公共体育服务政策执行阻滞的表现、成因及治理 [J]. 体育科学, 2014, 34（10）: 78-82.

[6] 姚绩伟, 杨涛, 丁秀诗. 城市社区体育公共服务公众满意度量表的研制 [J]. 天津体育学院学报, 2013, 28（06）: 477-482.

[7] 王占坤. 老龄化背景下浙江老年人体育公共服务需求与供给的实证研究 [J]. 中国体育科技, 2013, 49（06）: 70-80.

[8] 龚正伟, 姜熙. 新西兰体育公共服务体系研究——基于体育政策的分析 [J]. 北京体育大学学报, 2013, 36（11）: 31-37+43.

[9] 曹可强, 俞琳. 公共体育服务 [M]. 北京: 北京体育大学出版社, 2013.

[10] 汤际澜. 国外公共体育服务均等化的理论研究与实践经验 [J]. 西安体育学院学报, 2012, 29（06）: 641-646.

[11] 易剑东. 中国体育公共服务研究 [J]. 体育学刊, 2012, 19（02）: 1-10.

[12] 黄晓晓, 黄卓, 张油福. 残疾人公共体育服务研究 [J]. 体育文化导刊, 2012（02）: 22-26.

[13] 陈丛刊, 卢文云, 陈宁. 英国公共体育服务供给体系建设的经验与启示 [J]. 成都体育学院学报, 2012, 38（01）: 28-32.

[14] 白晋湘."文化强国"视野下民族传统体育公共服务职能强化与现代发展[J]. 北京体育大学学报, 2011, 34 (11): 1-4.

[15] 范冬云. 广州市大众体育公共服务研究[D]. 上海: 上海体育学院, 2011.

[16] 刘玉. 发达国家体育公共服务社会化改革实践及启示[J]. 成都体育学院学报, 2011, 37 (03): 1-5.

[17] 陈新生, 楚继军. 城市社区休闲体育公共服务的现状与对策[J]. 西安体育学院学报, 2011, 28 (01): 29-33.

[18] 王伯超, 范冬云, 王伟超. 发达国家体育公共服务改革的背景及启示[J]. 上海体育学院学报, 2010, 34 (03): 6-9+18.

[19] 王芹, 吴瑛. 高校体育公共服务研究[J]. 上海体育学院学报, 2010, 34 (03): 19-22+37.

[20] 汤际澜. 英国公共服务改革和体育政策变迁[J]. 南京体育学院学报(社会科学版), 2010, 24 (02): 43-47.

[21] 郑家鲲, 沈建华, 张晓龙. 上海市体育公共服务现状调查与分析[J]. 体育学刊, 2009, 16 (08): 35-39.

[22] 王会寨. 公共服务视野下的中国体育行政管理体制改革[D]. 北京: 北京体育大学, 2009.

[23] 郇昌店, 肖林鹏, 杨晓晨. 我国公共体育服务研究框架探讨[J]. 山东体育学院学报, 2009, 25 (02): 4-9.

[24] 刘玉兰, 张明. 公共投入对社区体育服务体系建设的影响[J]. 上海体育学院学报, 2008, 32 (06): 36-38+47.

[25] 肖林鹏, 李宗浩, 杨晓晨, 等. 论我国公共体育服务的供给困境[J]. 山东体育学院学报, 2008, 24 (08): 1-4.

[26] 刘庆山. 我国体育公共服务体系研究述评[J]. 上海体育学院学报, 2008 (03): 24-26.

[27] 王才兴. 体育公共服务国际比较及启示[J]. 体育科研, 2008 (02): 27-31.

[28] 陈海威. 中国基本公共服务体系研究[J]. 科学社会主义, 2007 (03): 98-100.

[29] 迟福林. 全面理解"公共服务型政府"的基本涵义[J]. 人民论坛, 2006 (03A): 14-15.

[30] 刘艳丽，苗大培. 社会资本与社区体育公共服务 [J]. 体育学刊，2005，12（03）：126-128.